Bem-vindos a Lisboa !

Je me présente : Charles, journaliste tombé sous le charme de **LISBONNE** dès ma première visite. Cette ville blanche peuplée de surprises, fière de ses communautés, de ses traditions et de son constant changement fascine les poètes comme les voyageurs,

Aujourd'hui j'écris ces lignes sur le comptoir d'Antonio, en buvant mon premier café du matin, heureux d'habiter dans la capitale du Portugal et du monde lusophone.

Laissez-moi vous emmener écouter le fado au détour d'une ruelle, saluer le Cristo Rei au parapet d'un miradouro, ou pérégriner des pavés du Rossio au parque Eduardo VII.

« Je suis arrivé à Lisbonne mais je ne suis pas arrivé à une conclusion », écrit Fernando Pessoa dans son *Livre de l'intranquillité*.

Ici, rien n'est un point final.

N
CAMPO
Av. dos Combatentes
SETE RIOS
PRAÇA DE ESPANHA
Av. de Berna
Museu Calouste Gulbenkian
Av. M. Bo
Av. António Augusto de Aguiar
SÃO SEBASTIÃO DA PEDREIRA
AVENIDAS NOVAS
Av. Calouste Gulbenkian
R. Marquês da Fronteira
Parque Eduardo VII
Av. Fontes
Parque Florestal de Monsanto
Aqueduto das Águas Livres
R. Joaquim António de Aguiar
MARQUÊS DE POMBAL
AMOREIRAS
Av. Eng. Duarte Pacheco
R. Alexandre Herculano
Rua Dom João V
CAMPO DE OURIQUE
LARGO DE RATO
RATO
Jardim Botânico
R. Ferreira Borges
Avenida da Ponte
Avenida de Ceuta
Jardim da Estrela
PRÍNCIPE REAL
PRAÇA DA ESTRELA
SÃO BENTO
ESTRELA
Avenida Infante Santo
MADRAGOA
BICA
SANTOS
LARGO DE ALCÂNTARA
Av. da Ribeira das Naus
Av. 24 de Julho
DOCAS DE SANTO AMARO
500 m

PRAÇA FR. SÁ CARNEIRA
Av. Afonso Costa
Avenida de Roma
Alameda D. Afonso Henriques
ARROIOS
Rua Morais Soares
PRAÇA P. COUCEIRO
Estr. Chelas
R. Jacinto Marto
Avenida Almirante Reis
NOVAS NAÇÕES
INTENDENTE
Avenida Mouzinho de Arbuquerque
R Gualdim Pais
Museu Nacional do Azulejo
SAPADORES
SANTANA
MOURARIA
SANTA CLARA
ROSSIO
COSTA DO CASTELO
Tram 28
GRAÇA
SANTA APOLÓNIA
BAIXA
Castelo de São Jorge
ALFAMA
CHIADO
Catedral Sé
Praça do Comércio
Avenida Infante Dom Henrique
Tejo (Tage)

POURQUOI ON ADORE LISBONNE

9 EXPÉRIENCES MYTHIQUES

Lisbonne a un charme unique, elle flirte avec l'océan, son pont a de faux airs de Golden Gate Bridge, ses belvédères offrent les plus beaux sunsets et ses vieux tramways bringuebalants mènent aux spots les plus festifs.

1

POUR ATTERRIR EN CENTRE-VILLE

Tu sors de l'aéroport, 15 minutes de taxi ou de métro et, pouf, tu es en centre-ville ! Lors de l'atterrissage, l'avion passe si près des immeubles de Benfica que tu pourrais presque ramasser le linge suspendu aux balcons. Frissons garantis !

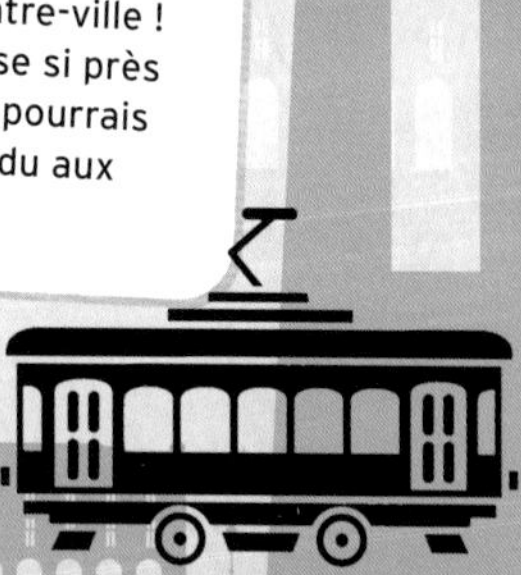

2 POUR PRENDRE LE FERRY

À Cais do Sodré, un ferry part toutes les 15 minutes pour Cacilhas. Au 1er étage du Transtejo, mêle-toi à la foule qui embarque chaque jour pour traverser le Tage. Une autre façon de voir la ville et l'occasion d'une balade dans les jolies rues piétonnes du centre de Cacilhas...

Estação Fluvial do Cais do Sodré, rua da Cintura do Porto de Lisboa

https://ttsl.pt

3 POUR LA CALÇADA PORTUGUESA

La *calçada portuguesa*, ce sont ces pavements bicolores décoratifs, inventés au milieu du 19e siècle, que tu rencontres partout dans le monde lusophone. Conçus à l'origine pour occuper les prisonniers à Lisbonne, ils se sont petit à petit élevés au rang d'art à part entière. La consécration est venue avec leur reconnaissance par l'Unesco comme patrimoine culturel immatériel du Portugal.

4 POUR LE SOLEIL

Malgré sa proximité avec l'océan Atlantique, Lisbonne est une capitale baignée de soleil. Avec plus de 260 jours d'ensoleillement par an, il y a de grandes chances que ton séjour se déroule sans pluie et sans nuage !

5 POUR LE DERBY BENFICA-SPORTING

Au Portugal on prie la Vierge de Fátima, mais le football aussi est une religion. Parmi les grands derbys, celui de la capitale voit s'affronter deux clubs mythiques : le Sporting Portugal, du quartier chic d'Alvalade, et le Benfica, du quartier populaire du même nom.

www.sporting.pt
@sportingclubedeportugal

www.slbenfica.pt/fr-fr/
@slbenficia

6 POUR LES FÊTES POPULAIRES

En juin, c'est petit train ! Boire de la bière tiède, manger des sardines grillées avec les mains, participer à des queues leu leu géantes au son de la *pimba*, la musique festive nationale ! Voilà le programme de cette grande fête d'origine religieuse qui honore les saints patrons des quartiers de Lisbonne et surtout saint Antoine (le 13 juin).

www.lisbonne.fr/jours-feries

7 POUR SA SCÈNE CRÉATIVE

Tu connais le street artiste Alexandre Farto aka Vhils ? Comme lui, beaucoup de créateurs portugais et internationaux ont choisi pour port d'attache Lisbonne, qui bouillonne d'une création contemporaine active et innovante. Se perdre dans les galeries et les expositions éphémères est le meilleur moyen de découvrir cette richesse !

8

POUR LA SAUDADE DU FADO

Le fado, c'est l'âme chantée du Portugal. Originellement entonné par les femmes et membres des familles de marins qui prenaient la mer, le fado évoque la nostalgie des êtres chers partis : tu sais, cette fameuse « saudade », intraduisible dans une autre langue.

9

POUR SA PLAGE !

Parmi les grands atouts de Lisbonne, il y a sa proximité avec l'océan. Qui dit océan dit plages, et les plus belles à proximité sont sur la Costa de Caparica : 10 kilomètres de sable d'or à 20 minutes d'une capitale. Qui dit mieux ? (En saison, pour éviter les embouteillages, tu peux arriver plus tôt que tout le monde et repartir plus tôt, ou passer la soirée à la plage et rentrer… beaucoup plus tard !)

LES MEILLEURS SPOTS INSTAGRAM

#LOVELISBOA

Lisbonne n'échappe pas à la règle : ton copain ou ta copine Instagram addict voudra te convertir le temps d'un week-end en son photographe officiel. Par chance, on a déjà sélectionné pour toi les aspirateurs à likes et à commentaires sur les réseaux sociaux.

LA TOUR EMBLÉMATIQUE
TORRE DE BELÉM

Tu le connais sans l'avoir vu, ce chef-d'œuvre de l'époque manuéline. Cette tour fait partie des premiers monuments portugais inscrits au patrimoine mondial par l'Unesco. Depuis 1519, elle marque l'entrée du port. La légende raconte qu'elle se dressait au milieu du fleuve avant le tremblement de terre de 1755.

Belém
Avenida Brasília 1400-038
https://urlz.fr/i7dO

#torredebelem
Fermé lundi
6 €, étudiants 3 €

AUTRE JOYAU MANUÉLIN
MOSTEIRO DOS JERÓNIMOS

De la dentelle dans de la pierre : les portails, les voûtes, l'intérieur du cloître..., absolument toutes les parties de l'édifice sont ornées de splendides sculptures. Le monastère des Hiéronymites a été construit à l'époque de Manuel Ier.

Belém
Praça do Império 1400-206
https://urlz.fr/I9uk

#mosteirodosjeronimos
Fermé lundi
10 €, étudiants 5 €

LA RUE EN ROSE
PINK STREET

Tu vois un court de tennis lisse ? Ben voilà, c'est la même chose mais en rose, dans toute la rua Nova do Carvalho. Aucune attraction touristique en Europe ne coûte si peu cher à sa ville que la Pink Street : trois pots de peinture par an et en avant ! La quantité de #pinkstreet sur Insta est renversante.

Cais do Sodré
Rua Nova do Carvalho

#pinkstreet
Gratuit

À L'ASSAUT DU MONDE
PADRÃO DOS DESCOBRIMENTOS

OK le monument aux Découvertes à des allures fascistes. Normal, il a été construit en pleine dictature, quand l'empire colonial portugais était encore une réalité. Mais tout n'est pas à jeter dans ce bloc massif intégrant un ascenseur. Par exemple, as-tu déjà vu une rose des vents de 50 mètres de diamètre ?

Belém
Avenida Brasil
https://padraodosdescobrimentos.pt
@padraodosdescobrimentos
6 €, -25 ans 3 €

LA VUE SUR TOUTE LA VILLE
MIRADOURO DA SENHORA DO MONTE

À Lisbonne, il y en a de beaux miradors ! Mais pour moi, le plus haut, le plus beau, le plus spectaculaire, c'est lui ! Sous les pins parasols, auprès de la statue de la Vierge, on a le regard happé par la Mouraria et la Baixa qui fourmillent à nos pieds.

Graça
Miradouro da Senhora do Monte
#nossasenhoradomonte
Gratuit

LA PAUSE LITTÉRAIRE
FERNANDO PESSOA

Le poète Fernando Pessoa squattait tellement la terrasse du café A Brasileira qu'il s'y est statufié en bronze. Il y a une chaise libre à côté de lui : assieds-toi et demande-lui en combien de jours il a écrit *Le Banquier anarchiste*.

Chiado
Rua Garrett 122
www.abrasileira.pt
#cafeabrasileira
Gratuit

LE PREMIER TRAM DANS LA RUE
ELÉCTRICO 28

Shoot parfait : le premier tram du matin qui monte de la rua Santo António da Sé avec la cathédrale en fond. Les tramways jaunes demeurent une des attractions les plus instagrammables de la ville.

- Alfama
- Sé de Lisboa
- #tram28
- Gratuit

COMME À L'EXPO
PARQUE DAS NAÇÕES

En toute franchise, le quartier de l'Exposition universelle de 1998 n'est pas le plus animé ni le plus beau. Mais un petit tour dans les télécabines, surtout si tu es fan d'architecture contemporaine, t'offre l'occasion d'un selfie avec en fond la tour et le pont Vasco de Gama.

- Parque das Nações
- Aller-retour télécabine 8 €
- #vascodagamabridge

LE CLICHÉ DU FUTUR
MAAT

Dans les expos ou sur la terrasse, la modernité de tes clichés est assurée au musée d'Art, d'Architecture et de Technologie. Sans aucun doute un des lieux les plus en vogue sur les réseaux.

- Belém
- Avenida Brasília 1300-598
- www.maat.pt/pt
- @maatmuseum
- Fermé mardi
- 9 €, étudiants 6 €

UN TOUR SOUS LES TROPIQUES
JARDIM BOTÂNICO TROPICAL DE BELÉM

Topissime pour faire croire à ton réseau que tu es sous les tropiques alors que tu n'es qu'à deux heures de chez toi. Le jardin botanique de Belém déploie une collection magnifique d'essences rares d'Afrique et d'Amérique.

- Belém
- Largo dos Jerónimos 1400-209
- https://urlz.fr/i9xF
- #jardimbotanicotropical
- Entrée 4 €, étudiants 2 €

DEMANDEZ LE PROGRAMME : 3 JOURS POUR 7 COLLINES !

JOUR 1

MATIN : entre à Lisbonne par la grande porte ! Depuis la place du Commerce, laisse le Tage derrière toi et passe sous l'arche de la rua Augusta. Au bout de la rue, la place du Rossio et sa mer de pavés, à une minute de l'ascenseur de Santa Justa. Première pause de ta journée : un petit encas à la **CONFEITARIA NACIONAL** pour la gourmandise et le style coquet de ses salons.

Baixa
Praça da Figueira 18B
https://confeitarianacional.com
@confeitarianacional
3-7 €

MIDI : grimpe la calçada de Santana pour t'imprégner de l'atmosphère typique du quartier ! Déjeuner à la **CASA DA COMARCA DO ARGANIL.**

Santana
Rua da Fé 23
@CasaComarcaArganil
Fermé dimanche
12 €

APRÈS-MIDI : prends le métro pour te rendre station Praça de Espanha. Profite des expositions de la **FONDATION CALOUSTE GULBENKIAN** et de son parc.

Bairro Azul
Avenida de Berna 45A
https://gulbenkian.pt/museu
@fcgulbenkian
Fermé mardi
Entrée -30 ans 5 €

SOIR : dîne à la **MARISQUEIRA DO LIS** et poursuis ta soirée entre le Café Largo et le Bar das Joanas !

Intendente
Avenida Almirante Reis 27B
@marisqueiradolis
Fermé mardi
12-22 €

MATIN : cap sur São Bento ! Depuis la station de métro Rato, descends toute la rue pour visiter les galeries et les boutiques d'antiquités jusqu'à atteindre le Parlement. À mi-trajet, arrête-toi à la **CASA-MUSEU AMÁLIA RODRIGUES** pour tout savoir sur la diva du fado. Arrivé au fleuve, monte dans un tram et file visiter l'incontournable LX Factory.

Rato
Rua de São Bento 193
https://urlz.fr/iolA
Fermé lundi
Entrée €, étudiants 4,50 €, résa casamuseu@amaliarodrigues.pt

MIDI : sur la route de Belém, sens-toi hors de la ville dans le restaurant **PATEO** avec sa petite cour secrète et colorée…

Belém
Rua da Junqueira 200
@pateo200
8-15 €

APRÈS-MIDI : Belém et ses musées sont au programme de cette après-midi culturelle. Il y en a pour tous les goûts !

SOIR : retour dans le centre. Depuis le Miradouro de Príncipe Real, le soleil meurt dans le Tage. Un dîner à **PAPO CHEIO** pour se tapisser l'estomac d'un *bitoque* (steak avec un œuf) avant de s'élancer dans les ruelles du Bairro Alto pour une nuit de folie !

Príncipe Real
Rua Oliveira Martins 6
8,50-13 €
https://urlz.fr/imxd

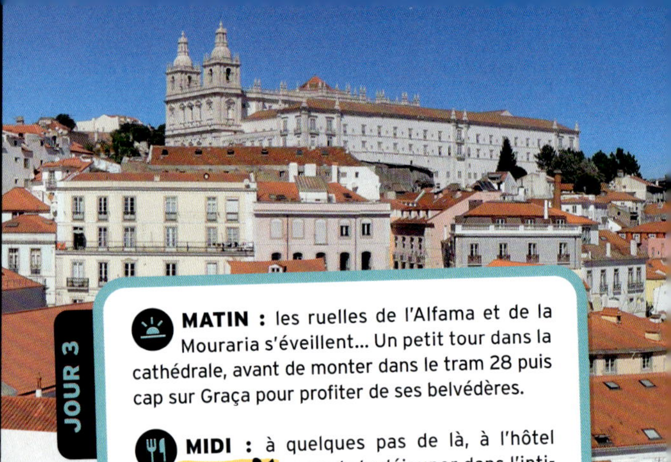

JOUR 3

MATIN : les ruelles de l'Alfama et de la Mouraria s'éveillent… Un petit tour dans la cathédrale, avant de monter dans le tram 28 puis cap sur Graça pour profiter de ses belvédères.

MIDI : à quelques pas de là, à l'hôtel **TINGS,** prends le déjeuner dans l'intimité d'un patio fleuri.

Graça
Rua da Senhora do Monte 37-43
https://tingslisbon.com
@tingslisbon
12-15 €

APRÈS-MIDI : direction Marvila pour visiter ce quartier industriel en pleine reconversion. Étapes obligatoires : le centre culturel **FÁBRICA BRAÇO DE PRATA** et les brasseries artisanales Dois Corvos, Lince et Musa (à partir de 2,50 €).

Marvila
Rua Fábrica de Material de Guerra 1
www.bracodeprata.com
@fabricabracodeprata
Tarif selon événements

SOIR : stop dans l'Alfama, rua dos Remédios pour un dîner-fado tranquille et pour souffler du week-end !

L'ESSENTIEL EN 1 JOURNÉE...

MATIN : au lever du soleil, rendez-vous largo das Portas do Sol. Perds-toi un peu dans les ruelles de l'Alfama avant de te présenter à l'ouverture du château São Jorge. De la forteresse maure, tu domines tout Lisbonne ! En descendant la colline, parcours les ruelles de la Mouraria et leur ambiance multiculturelle. Si tu descends, tu arriveras dans le quartier bien nommé : la Baixa (basse ville).

MIDI : la **CASA DO ALENTEJO,** palais du 17e siècle aux pièces néo-mauresques, t'attend pour une session de photos Insta et un petit plat au 1er étage.

Baixa
Rua das Portas de Santo Antão 58
https://casadoalentejo.pt
@casadoalentejo.lisboa
Fermé lundi
12-20 €

APRÈS-MIDI : monte au Chiado pour découvrir les ruines du couvent des Carmes (#coventodocarmo). Fais un peu de lèche-vitrines dans le quartier et rends-toi à Príncipe Real pour l'heure de l'apéro !

SOIR : dîner à **FAZ FRIO,** suivi d'une virée dans le Bairro Alto et à Pink Street !

Príncipe Real
Rua Dom Pedro V 96
@fazfrio
Fermé dimanche
17-30 €

ALOOORS...

SE RÉGALER

TASCAS ET TABLES TRADIS

Le Portugal est un pays où la gastronomie traditionnelle et populaire existe encore. Même en pleine capitale, on ne sert pas de légumes congelés dans les *tascas* (tavernes) ! Le menu y est écrit sur des nappes en papier collées à la vitrine, et l'auvent sponsorisé par la marque de bière préférée du patron...

UNE CAVE FAMILIALE

COVA FUNDA

Ce demi-sous-sol tenu par une famille bien connue du quartier ne paye pas de mine, et pourtant ! Entre la viande mirandaise et les poissons, il y a toujours de quoi se faire plaisir chez Cova Funda. Les patates *a mouro*, cuites à la vapeur, puis « frappées » avec du sel, sont particulièrement réussies. Le soir, ambiance électrique garantie !

Intendente
Travessa do Cidadão João Gonçalves 20A
@adegadearcos
Fermé dimanche
8-20 €

LA PERLE RARE

AGULHA NO PALHEIRO

Trouver des saveurs pareilles à celles de ce restaurant, c'est comme trouver une aiguille dans une botte de foin. Antonio et Joana proposent à partir d'ingrédients traditionnels du Portugal une cuisine variée : les fruits et légumes sont issus de leur propre jardin situé de l'autre côté du fleuve.

Santa Apolónia
Rua Jardim do Tabaco 3
@agulhapalheiro
Fermé lundi-mardi
15-30 €

UN PETIT BOUT D'ALENTEJO

TABERNA DO CALHAU

Leopoldo Calhau est un joyeux luron pour qui la nourriture est synonyme de partage. De sa région de cœur, l'Alentejo, il tire le meilleur pour offrir une cuisine traditionnelle mais sophistiquée. Passage obligé pour qui veut goûter de la très bonne cuisine portugaise !

Mouraria
Largo das Olarias 23
@taberna_do_calhau
Fermé dimanche-lundi
20-35 €

AUX DÉLICES DE GRAÇA

O PITÉU DA GRAÇA

Tout est frais et copieux dans cet établissement à l'atmosphère intemporelle, à la limite entre *tasca* et restau traditionnel. Si tu veux aller te coucher juste après dîner, commande en fin de repas le *pijama* : ce plat composé de tous les desserts de la maison t'enverra directement au lit.

Graça
Largo da Graça 95-96
https://restauranteopiteu.pt
Fermé dimanche
12-25 €

L'IRRÉDUCTIBLE TASCA

O TACHADAS

Située dans le chic quartier de Santos, à 200 mètres de l'ambassade de France, c'est la *tasca* par excellence. Même si ses prix ont augmenté ces dernières années, cette cantine reste le rendez-vous des ouvriers et des employés de bureau des alentours. Plutôt sardines ou ventrèche grillée ?

Santos
Rua da Esperança 178
Fermé lundi
7-14 €

TOUT L'ESPRIT DE BENFICA

O SOLAR DE BENFICA

À Benfica, il n'y a pas que le football : c'est d'abord et avant tout un quartier traditionnel de la ville, doté d'une vie très animée. Dans cette vieille bodega, il faut goûter la morue, « à bras » ou « à lagareiro ». Évasion garantie.

Benfica
Travessa da Cruz da Era 7
Fermé mercredi
10-20 €

POUR UN REPAS ANIMÉ

TOMA LÁ DÁ CÁ

Peuplé à moitié de Lisboètes, à moitié de touristes, chez Toma Lá Dá Cá (ça veut dire « Tope là ») les dîners sont souvent joyeux et conviviaux. L'adresse est propice aux grandes tablées, et, même s'il s'agit d'un restaurant typique portugais, c'est un Alsacien qui est aux fourneaux. Et il maîtrise incroyablement l'onglet de bœuf.

Bairro Alto
Travessa do Sequeiro 38
https://urlz.fr/i7FE
@restaurante_toma_la_da_ca
10-25 €

TAVERNE TYPIQUE DE L'ALFAMA

TABERNA SAL GROSSO

Ou comment faire de la cuisine traditionnelle dans le raffinement. Malgré son titre (Taverne du Gros Sel), ce restaurant n'a rien de grossier, au contraire. Un genre de nouvelle cuisine à la portugaise, plus légère, moins copieuse et moins... salée (même l'addition).

Alfama
Calçada do Forte 22
https://urlz.fr/i7FW
@tabernasalgrosso
8-18 €

LA MOURARIA D'ANTAN

O VELHO EURICO

Un des derniers bastions de la bonne nourriture tradi, dans le quartier de la Mouraria. Même s'il est souvent rempli uniquement de touristes, cet antre vaut le détour. Emplacement parfait pour enchaîner sur une soirée à déambuler dans les rues de la vieille ville.

Mouraria
Largo São Cristóvão 3-4
@ovelhoeurico
Fermé dimanche-lundi
10-20 €

POUR LES CARNASSIERS

CARVOARIA JACTO

Un paradis pour les amateurs de viande de qualité. Outre celles du nord du pays et celles des Açores, la Carvoaria Jacto présente à la carte un incroyable bœuf yazu. Un steak de ce mets rare te coûtera un tiers de ce qu'il te serait facturé en France. On sirote les gin tonics de la maison en attendant qu'une table se libère.

Novas Nações
Rua Maria Andrade 6A
Fermé dimanche
9-40 €

STREET FOOD LISBOA À MANGER SUR LE POUCE

Crapahuter sur les 7 collines de Lisbonne, ça creuse ! Heureusement, la capitale est pleine de petits comptoirs où se restaurer brièvement pour recharger les batteries. N'importe laquelle des adresses suivantes aura une spécialité pour satisfaire toutes les envies !

S'IL FALLAIT NE CHOISIR QU'UNE PIZZA

LA MATTA

Ou quand un chef français et un chef italien ouvrent une pizzeria. La Matta propose une pizza sur place ou à emporter, entière ou à la coupe. L'occasion de goûter une pâte exceptionnelle dans une ambiance bon enfant dans cette ruelle piétonne typique du traditionnel quartier de Graça.

Graça
Travessa do Monte 22 R/C
@lamattalisboa
4-15 €

SANDWICHS SANS FIORITURES

A NOVA POMBALINA

Des sandwichs traditionnels simples servis rapidement. Pas de chichis dans cette cafét' de la Baixa, peu d'attente et des produits frais : voilà le mot d'ordre de Nova Pombalina. Mention spéciale pour le sandwich au *leitão* (cochon de lait).

Baixa
Rua do Comércio 2
Fermé dimanche
4-8 €

LE BOSS DES BIFANAS

AS BIFANAS DO AFONSO

Ah la *bifana* ! Si généreuse et pourtant si simple. Du filet de porc, mariné des heures dans sa propre graisse, entre deux tranches de pain avec un peu de piment. Ce sandwich se mange en 3 minutes mais est un monument majeur de la gastronomie portugaise.

Baixa
Rua da Madalena 146
Fermé dimanche
2,50-7 €

SNACK CHIC LUSO-SUISSE

BBB TASTE

Une sandwicherie gourmet créée et tenue par un chaleureux couple helvéto-portugais. BBB Taste propose une carte régulièrement renouvelée basée sur des produits frais de grande qualité. À l'entrée du quartier Madragoa, dans ce comptoir moderne et décoré avec goût, on passe des moments conviviaux en dégustant des sandwichs d'un autre niveau.

Madragoa
Rua da Esperança 44
www.bbbtaste.club
@lamattalisboa
Fermé mardi-mercredi
4-15 €

UNE SOUPE ET AU LIT !

A MERENDEIRA

« *Pão com chouriço e caldo verde !* » est le slogan sans équivoque de cet établissement bien connu des fêtards, ouvert jusqu'à l'aube. L'occasion rêvée de goûter aux traditionnels petits pains au chorizo et à la soupe la plus emblématique du Portugal : le *caldo verde*.

Santos
Avenida 24 de Julho 54
@a_merendeira_lisboa
1-6 €

UN MARCHÉ DE LA STREET FOOD

TIME OUT MARKET

Même si son concept très anglo-saxon de « food market » est un peu désuet, Time Out réunit pas mal de qualités. Plusieurs grands chefs portugais et chaînes de restauration de haut niveau ont un comptoir sous la halle de ce magnifique Mercado da Ribeira. Pizza, tacos, sushis..., il y en aura pour tous les goûts !

Cais do Sodré
Avenida 24 de Julho 49
@timeoutmarketlisboa
À partir de 2 €

LA VRAIE STREET FOOD PORTUGAISE

ROULOTE DO NÉLSON

Au Portugal on ne dit pas foodtruck, mais *roulote*. Elles se situent aux abords des stades lors des matchs, à la sortie des boîtes de nuit ou à une sortie de périph pour le casse-croûte du midi. C'est le cas de celle de Nelson, à Campo Grande. On mange debout, sur un parking, à l'ancienne !

Campo Grande
Campo Grande 388
2,50-5 €

UNE SAUCISSE AU PAYS DE LA SARDINE

WURST

Maria et Martin, deux Autrichiens installés au Portugal, défendent avec passion la spécialité numéro 1 de leur pays : la saucisse. Dans le petit marché de São Bento, Wurst est une parenthèse germanique rare. Bio, et faites maison, les saucisses de porc ou de bœuf s'accompagnent d'une choucroute ou se dégustent dans une baguette.

São Bento
Rua Nova da Piedade
www.wurst.pt
@wurstsalsichariaaustriaca
Fermé dimanche-lundi
4,50-10 €

LE CHAWARMA DE LISBONNE

LEBANESE CORNER

Pas de dinde reconstituée ni de frites congelées dans ce fast-food libanais haut de gamme aux prix raisonnables. Du pain aux marinades, tout est fait maison. Pour les végétariens, Mohammed propose aussi des spécialités de son pays sans viande : *hummus*, *babaganush*, *tabuleh* et bien sûr, la star de la maison, le falafel !

Rato
Largo do Rato 3A
@lebanese__corner
Fermé lundi
7-12 €

POISSONS ET FRUITS DE MER

Il ne t'aura pas échappé que le Portugal est un pays côtier. À ce titre, une très grande portion de la gastronomie nationale tire ses ressources de la mer et il n'y a pas en Europe d'autre capitale que Lisbonne où l'on mange d'aussi bons poissons.

FUN FACT • FUN FACT •

LA MER QU'ON VOIT DANSER ?

On pourrait penser que c'est la mer qu'on voit depuis une terrasse ou de sa fenêtre du B&B, et pourtant non ! C'est un fleuve, le Tage, qui borde Lisbonne et vient se jeter dans l'océan Atlantique.

DÉCOUVRIR LES SEPT OCÉANS

SETE MARES

Déco et esprit des années 1990. L'endroit dispose d'une partie fumeurs : oui, à Sete Mares, on peut manger des pinces de crabe accompagnées d'une cigarette ! Les immenses aquariums remplis de homards et d'araignées satisferont les amateurs de très bons fruits de mer.

Sete Rios
Avenida Columbano Bordalo Pinheiro 108
@setemaresrestaurante
Fermé dimanche
20-60 €

LA MECQUE DES FRUITS DE MER

RAMIRO

Il y a toujours foule sur le trottoir devant cette institution qui ne prend pas les réservations. Mais l'attente vaut la peine : des fruits de mer incroyables et un service des plus efficaces. En outre, on n'a jamais soif chez Ramiro, dès qu'une bouteille est terminée, une autre arrive sans avoir besoin de la commander !

Intendente
Avenida Almirante Reis 1H
www.cervejariaramiro.com
@cervejariaramirooficial
Fermé lundi
15-50 €

LA GRÂCE DE LA MER

PENALVA DA GRAÇA

Ambiance de quartier généreuse, patron exubérant et produits de la mer de premier choix. Au comptoir de la salle principale ou dans la «piscine», une arrière-salle entièrement carrelée à la manière d'un bassin de natation, Penalva da Graça t'offre selon arrivage un bon choix sans chichis.

Graça
Rua da Graça 26
@penalvagraca
Fermé lundi
8-16 €

DU POISSON, ET C'EST TOUT

AQUI HÁ PEIXE

«Ici il y a du poisson.» Difficile d'être plus clair sur les intentions de ce restau emblématique du Bairro Alto. L'adresse idéale, sans trop s'éloigner du centre touristique, pour goûter les riches plats de poissons de la gastronomie portugaise. La *cataplana*, cuite et servie dans son contenant traditionnel, y est formidablement exécutée.

Bairro Alto
Rua Trindade 18A
https://aquihapeixe.pt
@aquihapeixe
Fermé dimanche-lundi
15-35 €

AU CŒUR DU MARCHÉ

CASA DO PEIXE

Te voici à la source de l'arrivage de poisson à Lisbonne. Le marché 31 de Janeiro est celui qui propose le plus d'étals de produits de la mer du centre-ville. À la Casa do Peixe (Maison du Poisson), on transforme toutes ces beautés en mets comestibles pour les touristes et les gens d'affaires du quartier.

Saldanha
Rua Engenheiro Vieira da Silva 2A
Fermé dimanche
12-25 €

COMME EN GALICE

CASA GALEGA

L'adresse n'est pas à la portée de toutes les bourses... Mais les amoureux d'iode prêts à faire chauffer la carte bleue pour manger des produits d'exception ne seront pas déçus ! Cette maison d'inspiration galicienne sert des plateaux de fruits de mer à tomber, avec l'attention digne d'un étoilé.

Paço de Arcos
Rua Costa Pinto 126
https://casagalega.pt
@casagalega.pt
Fermé dimanche
30-70 €

MANGEZ TOUT CE QUE VOUS VOUDREZ

BAÍA DO PEIXE

Formule idéale pour manger beaucoup de poisson sans se ruiner. En France, un all-you-can-eat de poisson aurait tendance à faire fuir. Ici, on se goinfre en poisson grillé de tous types sans se ruiner et... sans être malade !

Campo Pequeno
Loja 603, praça de Touros do Campo Pequeno 63
www.baiadopeixe.com
@baiadopeixe_
24-30 €

GRILLADE SUR LES DOCKS

ÚLTIMO PORTO

Une référence de poisson grillé dans la capitale. Certes le cadre n'est pas des plus raffinés, entre les containers du port, au bout d'un dock industriel. Mais on y mange les sardines, la dorade et la lote au charbon de bois pour un rapport qualité-prix défiant toute concurrence.

Alcantara
Rua General Gomes Araújo 1
@ultimoportorestaurante
Ouvert midi uniquement, fermé dimanche
10-18 €

LISBONNE EN VERT !

Caldo verde, gaspacho à l'alentéjane, fanes de navets... Elle n'est pas si hostile que ça aux végans et aux végétariens, la cuisine portugaise ! Et pour cause, les fruits et légumes du pays sont de très grande qualité. D'où un choix intéressant et varié de restaurants sans ingrédients d'origine animale.

ASIATIQUE PRÉCURSEUR

THE FOOD TEMPLE

Ne te fie pas au nom prétentieux de cette enseigne de cuisine végétarienne asiatique : on est ici comme chez soi. Il fallait y croire, voilà une décennie, quand le projet a été lancé... Une longévité qui parle d'elle-même pour ce pionnier de la restauration végé au Portugal.

Mouraria
Beco do Jasmim 18
https://thefoodtemple.com
@the_food_temple
Fermé lundi
8-12 €

VRAIS-FAUX BURGERS

VEGAN JUNKIES

L'endroit parfait pour emmener manger un ami qui rechigne à s'attabler dans un végétarien. Tu lui commandes un burger et il n'y verra que du feu tant les steaks de « viande végétale » sont similaires au bœuf. Bluffant !

Santana
Rua Luciano Cordeiro 28
7-15 €
www.veganjunkies.pt
@lisbonveganjunkies

TOUT EN COULEURS

MY MOTHER'S DAUGHTERS

Véegan, bio, zéro déchets. Ce café, tenu par une mère et ses trois filles, propose une carte et un menu du jour savoureux et coloré : hautement instagrammable ! Capricieuses et gâtées, ces filles à maman n'ouvrent malheureusement que le midi.

Avenidas Novas
Largo de São Sebastião da Pedreira 49
@mymothers.daughters
4-15 €

LA TAVERNE VERTE

O GAMBUZINO

Dans le quartier multiethnique de Intendente, l'adresse a des airs de bodega traditionnelle avec ses guitares, ses foulards accrochés aux murs et sa porte voûtée. Mais, dans l'assiette, c'est un délicat et sophistiqué assemblage de verdure locale et de saison. Pense à réserver !

Intendente
Rua dos Anjos 5A
@ogambuzino
www.ogambuzino.com/ementa
10-15 €

L'ADRESSE ÉLÉGANTE

THE GREEN AFFAIR

Une décoration très moderne et une présentation formelle, comme dans une brasserie parisienne haut de gamme. The Green Affair prouve que la gastronomie portugaise a parfaitement adopté le régime végétarien. Quand on va dans cet établissement, on ne va pas manger végé, on va au restaurant.

Avenidas Novas
Avenida Duque de Ávila 30A
@the_green_affair
15-25 €

NOURRITURE MACROBIOTIQUE

INSTITUTO MACROBIÓTICO DE PORTUGAL

Si tu ne connais pas la macrobiotique, c'est l'occasion de t'y mettre. L'institut de macrobiotique du Portugal, qui propose stage et formations dans le domaine, dispose aussi d'un restaurant végétarien. Fais donc une pause en plein Chiado autour d'un repas sain et très accessible.

Chiado
Rua Anchieta 5, 2º Esquerdo
www.institutomacrobiotico.com
@institutomacrobiotico
Fermé samedi-dimanche et le soir
8-14 €

CANTINE VÉGANE

JARDIM DAS CEREJAS

C'est la cantine des végans en centre-ville. Ce buffet sans prétention fera l'affaire et le palais des petites bourses. La preuve qu'un resto végan n'est pas forcément hors de prix et qu'une nourriture sans origine animale peut être populaire.

- Cais do Sodré
- Calçada do Sacramento 36
- @JardimDasCerejas
- Fermé dimanche
- Midi 7,50 €, soir 9,50 €

LE BOTANISTE

O BOTANISTA

Du vert dans l'assiette et tout autour de toi. Nichée dans un jardin, l'adresse réunit deux passions de la patronne : les plantes et la nourriture végé faite avec les produits de la terre. On recommande particulièrement les pâtisseries, le pain sans gluten et le « fauxmage » de noix de cajou fermentée.

- Chiado
- Rua Dom Luís I 19
- https://urlz.fr/i7Rl
- @ortea_vegancollective
- 8-14 €

CUISINE DU MONDE ANCIENNES COLONIES D'ASIE

Le 8 juillet 1497, depuis le port de Belém, Vasco de Gama partait pour un long voyage vers les Indes, sans Tripadvisor ni Instagram. Plus de 500 ans après, c'est grâce à lui que l'on mange indien, népalais, chinois ou thaïlandais à Lisbonne.

DES DUMPLINGS TANT QU'ON EN VEUT

MADAM BŌ

Au menu, dumplings (raviolis) artisanaux aux saveurs étonnantes. Et, en semaine, ils sont à volonté ! Toutefois, pour s'attabler dans cet établissement à la décoration raffinée, il est recommandé de réserver, l'endroit est souvent complet à l'heure du dîner...

Príncipe Real
Rua Maestro Pedro de Freitas Branco 26B
@madam_bo_dumplings
15-20 €

L'AMBASSADE DU PROCHE-ORIENT

MEZZE

Créé par une association venant en aide aux réfugiés syriens, Mezze décline les merveilles du Proche-Orient dans les palais lisboètes depuis 2017. Dans une des lumineuses alcôves du marché de Arroios, ce restaurant est devenu la référence du genre dans la capitale portugaise.

Arroios
Rua Ângela Pinto 40D 22/23
https://mezze.pt
@mezze_portugal
Fermé dimanche-lundi
16-25 €

TOUTE L'ASIE EN UNE PLACE

MERCADO ORIENTAL MARTIM MONIZ

Juste au-dessus du supermarché asiatique Amanhecer, le Mercado Oriental Martim Moniz est une sorte de petit Time Out Market à la mode asiatique. Thaïlandais, chinois, japonais, vietnamien, il y en a pour tous les goûts. Sept restaurants au total sont réunis dans cet espace.

Martim Moniz
Praça Martim Moniz
@mercadooriental.martimmoniz
3,50-10 €

GOA RÉVÈLE SES SECRETS

SEGREDOS DE GOA

Ne pas se fier à l'aspect extérieur du bâtiment qui abrite ce restaurant de nourriture typique de Goa. On oublie souvent que l'empire colonial portugais s'est étendu jusque dans cette région occidentale de l'Inde, et que les influences de ce pays sur la cuisine portugaise sont grandes !

Saldanha
Centro Comercial Sol, Avenida Duque de Loulé 45 A, Loja 5
@restaurante_segredos_de_goa
14-22 €

AU CŒUR DE LA COMMUNAUTÉ CHINOISE

HUA TA LI

De grandes nappes d'un blanc nacré sur de grandes tables rondes. Hua Ta Li est un des restaurants chinois les plus authentiques de Lisbonne, fréquenté quasi exclusivement par la communauté chinoise. Il est possible d'y louer des cabines de karaoké et de manger un crabe cru délicieux et très frais.

Martim Moniz
Rua da Palma, Centro Comercial Martim Moniz
https://urlz.fr/i7Q4
7-25 €

NÉPALAIS

CASA NEPALESA

Non, la nourriture népalaise n'est pas forcément hyper-épicée ! Lisbonne possède une communauté népalaise importante, la Casa Nepalesa est un des rares restaurants à rendre hommage à cette présence. Elle est la propriété d'un intrépide qui a réussi dans la pizza avant de se lancer dans la cuisine de son pays.

Avenidas Novas
Avenida Elias Garcia 172A
www.casanepalesa.pt
@casanepalesalisboa
Fermé dimanche-lundi
12-20 €

CANTINE CHINOISE

MR. LU

Après avoir fait ses armes dans l'un des restaurants clandestins du quartier Martim Moniz, M. Lu a ouvert ce restaurant fréquenté du voisinage et de la communauté chinoise. Dans une petite rue parallèle à l'avenue Almirante Reis, il offre des plats copieux que l'on peut partager à un prix très abordable.

Arroios
Rua António Pedro 95
7-14 €

RENDEZ-VOUS À MACAO

MACAU DIM SUM

Macao, ses centaines de casinos, ses 400 ans de présence portugaise, mais aussi sa bonne cuisine ! Tu pourras le constater toi-même ici : le canard à la pékinoise est la star de la maison.

Amoreiras
Rua Dom João V 31B
12-20 €

CUISINE DU MONDE ANCIENNES COLONIES D'AFRIQUE ET D'AMÉRIQUE

Après avoir exploré l'Asie, les aventuriers portugais sont partis à la conquête de l'Afrique puis des Amériques. Encore aujourd'hui, le Portugal entretient un lien fort avec ses anciens « territoires d'outre-mer ». Pas étonnant que la ville blanche déroule un large choix de restaurants de ces destinations.

LA CANTINE DES MUSICIENS BRÉSILIENS

ÁGUA DE BEBER

Un hommage à la chanson éponyme d'Antonio Carlos Jobim, aller simple pour Copacabana à quelques encablures des rues festives du cœur de ville. Dans ce restaurant, on déguste des spécialités brésiliennes en profitant de la douceur des musiques du pays d'origine du père de la bossa-nova.

Bairro Alto
Rua Poiais de São Bento 73
@aguadebeberlx
Fermé mercredi
10-20 €

DANS LA NUIT CAP-VERDIENNE

DJAIRSOUND

Une cave dédiée à la cuisine et à la musique du Cap-Vert dont le choix du nom interroge. Ne t'y fie pas, il n'y a pas de DJ ici mais de la bonne humeur, de la bonne popote et des cocktails un peu trop chargés. À la fin du dîner, la patronne pousse les tables et on danse sur les classiques de Cesária Évora et Tito Paris, parfois interprétés par Tito Paris lui-même, mais chut...

Santos
Rua das Janelas Verdes 22
@djairsound
Fermé dimanche
9-16 €

COMME AU BRÉSIL

AKI BRASIL

Ici, on est au Brésil ! Ce petit bar populaire du quartier d'Arroios ne paye pas de mine, mais c'est le rendez-vous de tous les Cariocas et Paulistas du coin. Prends une caïpirinha et une bonne *feijoada* (cassoulet « à la brésilienne »). Simple, efficace et pas cher.

Arroios
Rua Edith Cavell 7
@akibrasilarroioslx
Fermé lundi
5-12 €

VIANDE À L'ÉPÉE

FOGO DE CHÃO

Le *rodizio* brésilien dans toute sa splendeur... De la viande de qualité à volonté, servie à l'épée de manière illimitée. Pour réguler ce festival de produits carnés, un petit panneau que l'on passe au rouge pour faire une pause, puis qu'on glisse à nouveau sur le vert pour continuer à manger. Le paradis des viandards !

Marques de Pombal
Rua Martens Ferrão 28A
www.fogodechao.pt/picoas
@fogodechao
30 €

TOUTE LA CULTURE ANGOLAISE

CASA DE ANGOLA

Plus qu'un restaurant, la Casa de Angola est un centre culturel global dédié à cette ancienne colonie d'Afrique. Expos, concerts, ateliers, si tu es curieux de cette culture, cet endroit est tout indiqué pour toi. Ne pas partir sans avoir goûté au *moamba de galinha*, un plat de poule en sauce arachide à tomber !

Príncipe Real
Travessa da Fábrica das Sedas 7
@casadeangola.net
À partir de 8 €

CANTINE ANGOLAISE

CASA MOCAMBO

Dans un coin reculé du quartier de Graça, cette petite cantine d'inspiration angolaise sert à prix modique un repas du jour copieux et épicé. La déco, simple, rappelle le pays d'origine des patrons et du personnel. Attention à la sortie : Casa Macambo se trouve dans une des rues les plus abruptes de Lisbonne.

Sapadores
Rua do Vale de Santo António 122A
@mocambocasa
Fermé lundi
7-20 €

DES MIDIS QUI CHANTENT LE CAP-VERT

ASSOCIAÇÃO CABOVERDEANA

Une surprise comme seule Lisbonne en réserve. Qui pourrait penser qu'à une rue de la très chic avenue de la Liberté se trouve cette cantine bien connue des Cap-Verdiens ? De la musique en live, de la nourriture traditionnelle et surtout beaucoup d'ambiance attendent ceux qui poussent la porte de cette asso cap-verdienne.

Príncipe Real
Rua Duque de Palmela 2
@acv.associacao.caboverdeana.lisboa
Fermé samedi-dimanche
6-14 €

CANTINE CAP-VERDIENNE

TAMBARINA

Tambarina est le restau idéal pour goûter la *cachupa*, un traditionnel ragoût de maïs originaire du Cap-Vert. Viandes et poisson sont également au menu de cette maison qui, comme très souvent chez les gens originaires de cet archipel, accompagne les fins de semaine avec les guitares et les chants des musiciens.

São Bento
Rua do Poço dos Negros 94
8-16 €

APRÈS LA FÊTE, LA CAFÈT'

Si la ville blanche a une culture de la nuit, elle a surtout une culture du matin avec ses cafétérias à chaque coin de rue. Du petit noir pris au comptoir accompagné d'un croissant au gros brunch complet, on ne plaisante pas avec ce moment de la journée.

LE RENDEZ-VOUS DU QUARTIER

CENTRO IDEAL DA GRAÇA

Traditionnel et chaleureux, mêlant tous les matins retraités, artisans du quartier, jeunes actifs, le Centro Ideal du quartier populaire de Graça est l'endroit parfait pour goûter la célèbre *tosta mista*, un sandwich chaud de pain beurré avec du jambon cuit et du fromage.

Graça
Largo da Graça 6
@CentroIdeal
3-7 €

LE CLASSIQUE DU BRUNCH

DEAR BREAKFAST

Grand classique des dimanches à Lisbonne, le plus complet des brunchs pour le rapport qualité-prix. On y trouve tout ce qu'on attend d'un brunch digne de ce nom, mais il faut aussi s'attendre à faire la queue avant de manger...

São Bento
Rua Gaivotas 17
www.dearbreakfast.com
@dearbreakfast
10-20 €

PETIT DÉJ 2.0

BRICK CAFE

Le rendez-vous des bobos et des étrangers dans le quartier des Novas Nações. L'avocado toast est un peu cher, mais il faut reconnaître qu'on mange bien et que l'ambiance est agréable le matin. Surtout si on a la chance d'être placé en terrasse !

Novas Nações
Rua de Moçambique 2
@bricklisboa
Fermé lundi-mardi
3-10 €

BRUNCH CHIC

MARRIOTT

La grande classe d'aller bruncher au Marriott. Vue incroyable, vaisselle de prince et mets délicats à volonté, ou presque. Faute de payer une nuit dans cet hôtel de luxe, pourquoi pas y aller pour le petit déj ?

Sete Rios
Avenida dos Combatentes 45
@lisbonmarriott
30 €

LES MATINS LIBANAIS

SUMAYA

Ce brunch thématique de cuisine libanaise sort un peu de l'ordinaire dans un paysage assez répétitif. Oui je t'assure, des petits légumes en escabèche, des galettes et un jus de rose, ça passe très bien le samedi matin !

Príncipe Real
Rua da Escola Politécnica 40
@sumayarestaurante
10-15 €

POPULAIRE EN PLEIN ROSSIO

CASA DAS BIFANAS

On y prend des petits déjeuners sucrés et salés bien portugais. Même si cette cafétéria se trouve en plein centre touristique, il n'est pas rare d'y voir le matin des clients s'envoyer, après leur soupe, un coup de gnôle dans le café !

Baixa
Praça da Figueira 7A
https://urlz.fr/i7SE
Fermé dimanche
2-6 €

L'ADRESSE DES COLS BLANCS

CAFETARIA PICASSO

Ici, on a fait un art de la pause-café entre collègues des banques et des assurances environnantes. Sandwichs d'omelette, brioches, flans... Les gourmandises dans la vitrine accompagnent à merveille les conversations. Ça a quand même plus de gueule qu'une machine à café !

Marquês de Pombal
Rua Barata Salgueiro 31
3-10 €
@cafetariapicasso
Fermé dimanche

FUN FACT

QUE J'AIME TA COULEUR… CAFÉ !

Proximité avec le Brésil et l'Afrique oblige, le Portugal a une forte tradition de café de qualité. D'ailleurs, comment demande-t-on un café à Lisbonne ? Eh bien ça dépend ! *Abatanado* (très allongé), *bica* (expresso), *carioca* (deuxième passe), *pingado* (avec un nuage de lait froid), *galao* (café au lait), *garoto* (avec un nuage de lait chaud)...

SORTIR

L'AMOUR DU BALLON

BARS TRADIS

Les bistrots à Lisbonne, c'est comme en France il y a 30 ans. On s'y arrête tous les jours, pour prendre une liqueur ou un bon verre de vin. Ici, on ne boit pas l'apéro à la maison, on le fait dans la rue, à l'ancienne, sur un bar en zinc ou une lourde table en chêne massif.

L'ENCORE TYPIQUE

A TÍPICA DE ALFAMA

Prends un verre de vin ou de liqueur d'amande sur ce zinc, c'est la meilleure façon de faire un brin de causette avec les habitants de ce quartier millénaire ! Et pourquoi pas, de se faire embarquer dans une taverne avenante pour écouter la saudade du fado... Dans le très touristique quartier de l'Alfama, A Típica a su garder son authenticité.

Alfama
Rua do Vigário 70-70A
@tipicadealfama
1-4 €

LE VIN NATUREL

VINO VERO

Vino Vero, c'est le vrai vin : celui de nos amis italiens Giulia et Massi à la tête de cet inégalable bistrot consacré au vin naturel. Une autre vision du sang de la terre, des groupes de copains, des échanges et des rires avec les tenanciers autour de bouteilles de petits producteurs sélectionnées à travers toute l'Europe.

Graça
Travessa do Monte 30
https://vinovero.wine
@vino__vero
4-9 €

SAVOIR-FAIRE FRANÇAIS

MADAME BACCHUS

À l'étranger, on a plaisir à retrouver des Français capables de nous parler des spécificités des régions du pays. Amandine, installée depuis plusieurs années à Lisbonne, connaît sur le bout des doigts les caractéristiques du Douro, de l'Alentejo ou de la région de Lisbonne. Ambiance feutrée et décontractée.

Baixa
Rua de São Mamede 30G
https://urlz.fr/i6iz
@madamebacchus_lisbonne
Fermé dimanche-lundi
3-8 €

AVANT D'ALLER S'ENCANAILLER

OS BONS MALANDROS

«Les bonnes fripouilles», c'est le nom de cette taverne souvent pleine comme un œuf ! Serrés les uns contre les autres, on rit, on parle fort autour d'une bière ou d'une bonne bouteille de vin du Douro. N'hésite pas à commander des *petiscos* (bouchées apéritives) : ils sont tous excellents !

- Bairro Alto
- Rua da Bica de Duarte Belo 51
- @osbonsmalandros
- 3-7 €

SOUS LE SIGNE DE L'HEXAGONE

LES BONS VIVANTS

Un antre de franchouillards. Pinards de France et de la péninsule Ibérique sont à l'honneur dans cet ancien magasin restauré. Et, comme l'équipe possède aussi une fromagerie, les planches accompagnent dignement les boutanches...

- Intendente
- Rua dos Anjos 16B
- @lesbonsvivantslisboa
- Fermé dimanche-lundi
- 3,50-7 €

GENS DU GRAND NORD

SENHOR UVA

On se sent à la maison chez Senhor Uva ! Un lieu raffiné tenu par deux Canadiens passionnés de vin et de nourriture, mais moins du froid de leur pays d'origine... Heureusement pour nous, ils ont choisi le Portugal comme terre d'asile ! Les sélections de vins de Marc et les petits plats végé de Stéphanie sont à tomber.

- Estrela
- Rua de Santo Amaro 66A
- https://senhoruva.com
- @senhor.uva
- 4-7 €

AVEC LES HABITANTS

CAFÉ DAS NOVAS NAÇÕES

Chez Marco et Tina, on vit la vie de quartier, du café du matin à l'afterwork. Le patron, originaire de Tunis, n'est pas avare sur les doses de pastis et ses cocktails sont explosifs. Pour refaire le monde avant de se lancer dans la nuit lisboète, c'est par ici !

Novas Nações
Praça das Novas Nações 1A
@cafenovasnacoes2017
1-6 €

UN AIR DE NOSTALGIE

A TASCA DO CHICO

Tous les soirs, les chanteurs de fado s'époumonent a cappella sur les airs d'Amália Rodriques et de Carlos do Carmo. A Tasca do Chico est une oasis de tradition dans le très agité Bairro Alto. Dans l'assiette, salades de pois chiches, *bacalhau* et chorizos grillés.

Bairo Alto
Rua Diário de Notícias 39
@tascadochico_
3.50-7 €

ESSAYE DE N'EN BOIRE QU'UNE

GINJINHA SEM RIVAL

Avec ou sans cerise, ta *ginjinha* ? Essaye les deux. Dans cette petite boutique à deux pas de la place du Rossio, arrête-toi quelques minutes, histoire de goûter au moins une fois la fameuse liqueur de griottes si chère aux habitants de Lisbonne.

Rossio
Rua Diário de Notícias 39
1,50 €

FUN FACT • FUN FACT •

CHAMPIONS DU MONDE DU PINARD

Eh non, la France n'est pas le pays où l'on boit le plus de vin dans le monde. C'est le Portugal qui détient ce leadership avec une moyenne de 51,9 litres par habitant. L'Hexagone arrive en 2e position (46,9), talonné par l'Italie (46).

(Chiffres 2020, Organisation internationale de la vigne et du vin).

LA VILLE À NOS PIEDS !

Avec sa topographie accidentée, la ville blanche offre des vues à couper le souffle. Un immeuble de bureau, un hôtel ou un vieux palais, tout toit est bon pour boire un verre en laissant son regard se perdre dans l'eau du Tage ou les ruelles d'un quartier en contrebas.

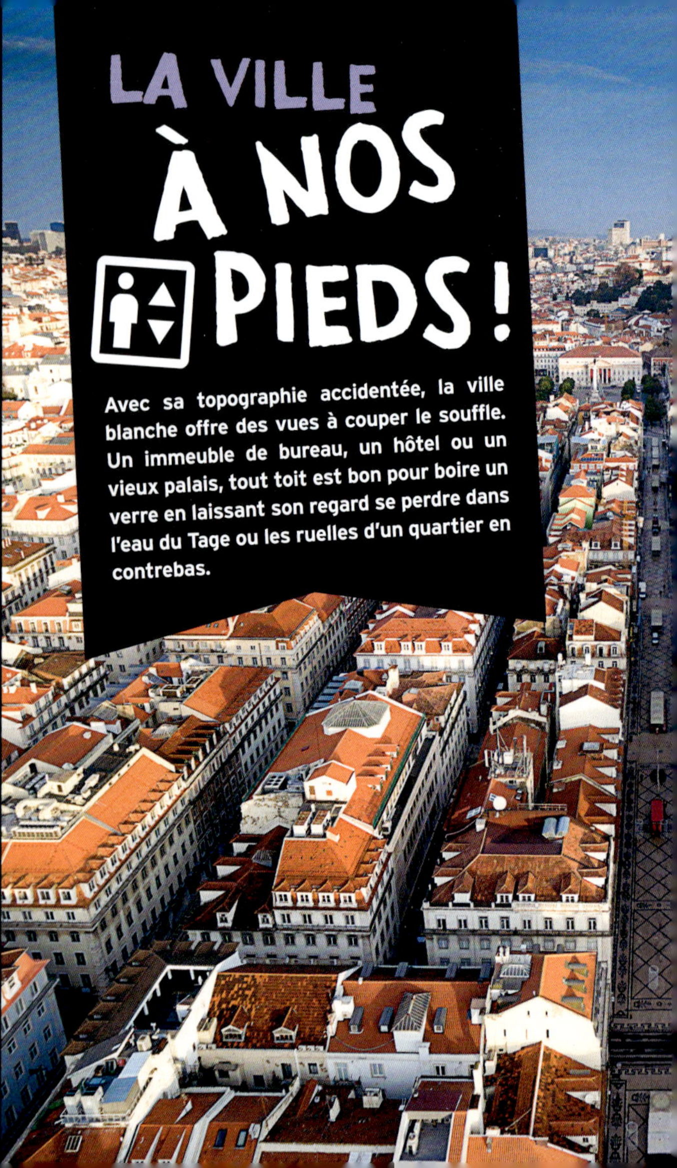

LA MEILLEURE VUE SUR LE CHÂTEAU

TOPO MARTIM MONIZ

Au cœur du quartier asiatique, la place Martim Moniz sert le dimanche de terrain de cricket aux communautés pakistanaises et bangladeshies. Rien d'étonnant qu'il faille prendre l'ascenseur dans un centre commercial chinois pour admirer le château São Jorge depuis la terrasse du Topo Martim Moniz !

Martim Moniz
Centro Comercial Martim Moniz, ascenseur bouton « 6 Esq », praça Martim Moniz
@topolisboa
2,50-9 €

LE ROOFTOP LE PLUS CLASSE

VERRIDE

Casse ta tirelire pour un moment exclusif ! La tour de ce petit palace offre une vue à 360° d'une grande rareté. Amène ton crush boire un verre dans ce bar luxueux, au milieu d'aristocrates portugais et de jet-setteurs internationaux, tu lui en mettras plein la vue à coup sûr…

Bica
Rua de Santa Catarina 1
https://urlz.fr/i2PT
@verridepalaciosantacatarina
Conso à partir de 12 €

POUR LES AMATEURS D'INSOLITE

FERROVIÁRIO

Parfois, cet ancien local de la Compagnie nationale des chemins de fer se transforme en cinéma en plein air. Sur la vaste terrasse derrière la gare Santa Apolónia, une clientèle branchée brunche, partage des afterworks ou assiste à des sessions de musique électronique. Carte des vins et des cocktails à la hauteur.

Santa Apolónia
Rua de Santa Apolónia 59
https://grupochamp.pt
@ferroviario.bar.terraço
4-12 €

LE PLUS CONNU

PARK ROOFTOP

Au cœur de la fête, à la frontière de Bica et du Bairro Alto, ici on ne vient pas pour la carte mais pour la vue exceptionnelle. Comme son nom l'indique, Park occupe le dernier étage d'un immeuble de stationnement. Malgré une baisse de qualité depuis ses débuts, ce rooftop reste la grosse référence.

Bairro Alto
Calçada do Combro 58
@parklisboa
Fermé dimanche
3-12 €

CALME ET SPACIEUX

HOTEL MUNDIAL

Le toit de l'hôtel Mundial est un bon choix. Malgré une déco « lounge » ringarde, lampes en plastique, fauteuils de jardin recouverts de coussins en faux cuir, les cocktails sont bien réalisés et il y a rarement foule... Idéal pour les groupes qui veulent pouvoir s'asseoir.

Martim Moniz
Praça Martim Moniz 2
https://urlz.fr/i2Qj
@rooftopbarmundial
4-20 €

LE PLUS MÉDITERRANÉEN

LIMÃO ROOFTOP BAR

Fatigués d'avoir remonté l'avenue de la Liberté à pied depuis la Baixa ? Go au 10e étage de l'hôtel Duque de Loulé ! Vue imprenable sur tout le cœur de ville, sur une terrasse incroyablement calme pour l'endroit. Une déco de bar de plage à 2 minutes à pied de la statue du marquis de Pombal.

Marquês de Pombal
Avenida Duque de Loulé 83
@h10duquedeloule
3-20 €

JARDIN SECRET DES ARTISTES

SECRET GARDEN

Un des nouveaux rendez-vous de la bohème lisboète. Caché sous le mirador da Senhora do Monte, Secret Garden est une association culturelle, qui invite régulièrement dans ses murs performeurs et artistes. Propice aux rencontres, dans une ambiance internationale et bon enfant.

Graça
Rua da Senhora do Monte 3
@secretgarden_lx
2-6 €

POUR LES AMOUREUX DES PORTS

OKAH LACS ROOFTOP

À quelques encablures du pont, le fleuve s'apprête à rencontrer l'océan. Rien de mieux que ce toit en bord de Tage pour se rappeler que Lisbonne est aussi un grand port. Les grues, les containers et les lourds quais en béton armé satisferont les amateurs du calme métallique des paysages industriels. De préférence avec un mojito au coucher du soleil.

Docas de Santo Amaro
www.okah.pt
Cais Rocha Conde de Óbidos, 4e étage
@okahrooftop
3-12 €

LE PLUS POPULAIRE

GRUPO DESPORTIVO DA MOURARIA - PALÁCIO DOS TÁVORA

Il y a 15 ans, presque tout Lisbonne ressemblait à ça : délabré comme le palais Távora, sale comme le comptoir et les toilettes de cette association sportive... Pourtant, quel plaisir de siroter une bière à la terrasse de cette merveille au bord de la ruine ! Elle a résisté au tremblement de terre de 1755.

Mouraria
Travessa da Nazaré, 1
1-3 €

RESTAU D'ALTITUDE

MEMMO PRÍNCIPE REAL

Idéal pour une pause en amoureux dans le quartier le plus sélect de Lisbonne, à quelques pas du Jardin botanique. Au dernier étage de l'hôtel Memmo Príncipe Real, ce « café » est davantage un restaurant... D'ailleurs l'un des rares rooftops à proposer un menu de qualité.

Príncipe Real
Rua Dom Pedro V, 56 J
www.memmohotels.com/principereal
@memmoprincipereal
4-12 €

IL N'Y A PAS QUE DU FADO

MUSIQUE À LISBONNE LIVE

Les pays de voyageurs sont des pays de musiciens. L'Afrique, les Amériques, l'Asie : les Portugais sont allés partout, laissant une diaspora nombreuse sur les cinq continents. Ce qui nous donne, à Lisbonne, un panorama musical extrêmement varié, issu de ces échanges trop méconnus.

SOUS-SOL DE FOLIE

CREW HASSAN

Attention, QG de la jeunesse underground... au sous-sol donc. DJ, groupes en live se produisent dans deux salles, une réservée aux concerts, une plus orientée « club », en plus du bar de la pièce principale et du rez-de-chaussée. Allergiques à la fumée s'abstenir, on ressort souvent les yeux rougis...

Intendente
Rua Andrade 8A
@crewhassan
1,50-4 €

JAM AVEC LES STARS !

TEJO BAR

Il paraît qu'on y reste jusqu'à tard le soir pour écouter les jam-sessions, souvent jouées en sourdine pour ne pas importuner les voisins... Dans ce bar discret, tu as des chances de croiser des stars incognitos venues se frotter aux musiciens locaux. Même Madonna est passée s'y encanailler !

Alfama
Beco do Vigário 1A
@tejobar.oficial
Fermé dimanche-lundi
1,50-5 €

SANCTUAIRE DE LA MUSIQUE

TABERNÁCULO BY HERNÂNI MIGUEL

Hernâni Miguel est une légende vivante dans le monde de la nuit lisboète. Dans son antre, mi-taverne mi-club de jazz ouvert en 2019, cet exubérant tenancier nous fait profiter des prestations de ses amis musiciens. Avec de bons hamburgers pour les petits creux !

Cais do Sodré
Rua de São Paulo 218
@tabernaculo_by_hernani_miguel
1,50-6 €

BAR DE MUSICIEN

PHARMÁCIA MUSICAL

Un bar musical, à sa tête un musicien, on a bon. Hugo Fernandes, talentueux violoncelliste, a ouvert avant la pandémie cet établissement qui propose aussi mets et cocktails fins. Hors des sentiers battus, Pharmácia Musical offre toute la semaine une programmation jazz, classique, folk et musiques du monde.

Graça
Rua Damasceno Monteiro 75B
@pharmacia.musical
2-8 €

CHEZ LES SALTIMBANQUES

BARTÔ

C'est un bar intégré dans le Chapitô à Mesa, un ensemble mêlant restaurant et école de cirque. Dans une rue piétonne à l'ombre des murailles du château maure, les musiciens se réunissent le soir sous ce puits de jour où la température peut monter rapidement dès la nuit tombée !

Costa do Castelo
Costa do Castelo 7
@obarbarto
2-5 €

LE PLUS TRENDY DES BARS MUSICAUX

GALERIA ZÉ DOS BOIS

L'avant-garde portugaise doit beaucoup à la Galeria ZDB, à moins que ce ne soit l'inverse ? Free-jazz, performances, mapping... dans ce lieu d'expression artistique de niche depuis une bonne dizaine d'années. Au cœur du Bairro Alto, tu profiteras aussi de son bar avec terrasse au dernier étage et de nombreuses expositions.

Bairro Alto
Rua da Barroca 59
@galeriazedosbois
Fermé dimanche
1,50-6 €

GÉOMÉTRIE VARIABLE

CASA INDEPENDENTE

Monte les marches de cet ancien palais donnant sur la place de l'Intendente Manique, et tu découvres un endroit aux multiples espaces. Salle de concert, patio, balcons en coursives... À la Casa Independente, se perdre d'une ambiance à l'autre en se promenant dans les pièces est le meilleur moyen de trouver son bonheur !

Intendente
Largo do Intendente Pina Manique 45
http://casaindependente.com
@casa_independente
2-8 €

UNE PLANQUE À CAMPO DE OURIQUE

EMPORIUM MERCEARIA E PUB

On croirait presque un speakeasy. Sous une salle de restaurant vitrée quelconque, déserte le soir, derrière une porte matelassée, t'attendent à partir de 20h des sessions de samba ou des DJ sets. Impossible pour le passant de deviner cette pépite !

Campo de Ourique
Rua Saraiva de Carvalho 115
@emporiummercceariaepub
2-8 €

LE CLASSIQUE DU JAZZ MAINSTREAM

HOT CLUBE DE PORTUGAL

Tout le milieu jazzfan portugais s'y réunit, car on peut régulièrement y écouter des vedettes de niveau européen. Le Hot Clube possède aussi sa propre jazzschool et son vivier de jeunes talents locaux.

Príncipe Real
Praça da Alegria 48
https://hcp.pt
@hotclubedeportugal
Fermé dimanche-lundi
3-10 €

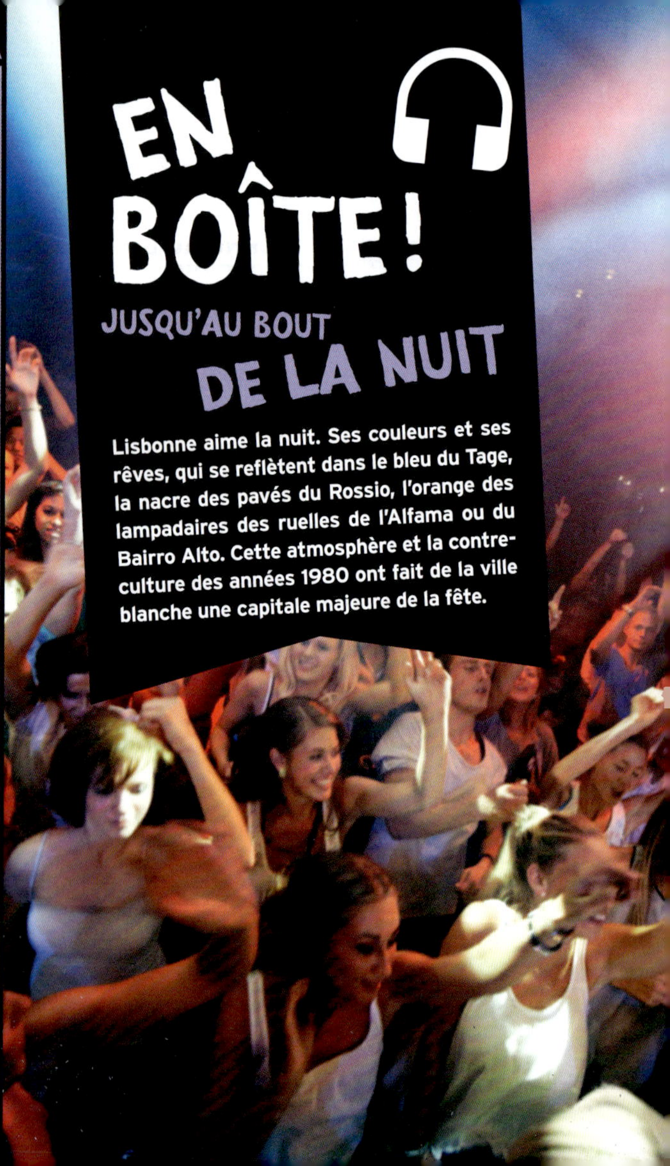

EN BOÎTE !

JUSQU'AU BOUT DE LA NUIT

Lisbonne aime la nuit. Ses couleurs et ses rêves, qui se reflètent dans le bleu du Tage, la nacre des pavés du Rossio, l'orange des lampadaires des ruelles de l'Alfama ou du Bairro Alto. Cette atmosphère et la contre-culture des années 1980 ont fait de la ville blanche une capitale majeure de la fête.

ÉLECTRO UNDERGROUND

DESTERRO

Plus underground que Desterro, tu meurs. D'ailleurs son nom, emprunté à celui de la rue, signifie en portugais l'acte de sortir de terre. Tout un programme ! À l'image de l'allure improbable des clients qui sortent de ce lieu au petit matin.

Intendente
Calçada do Desterro 7
1,50-4 €

TECHNO AU BORD DU FLEUVE

LUST IN RIO

Viens donc danser les soirs d'été dans ce night-club à ciel ouvert. Techno et reggaeton sont au programme de ce rendez-vous, populaire les week-ends. Surtout, ne perds pas ton ticket : c'est sur cette base que les consommations seront payées à la sortie. À défaut, on t'appliquera le tarif max...

Cais do Sodré
Rua da Cintura do Porto de Lisboa
@lustinrio.oficial
Fermé dimanche-mardi
4-15 €

MUSIQUE ÉLECTRO

LUX FRAGIL

Incontournable pour les amoureux d'électro de qualité. Au Lux, des générations entières se sont succédé, et la boîte demeure la plus emblématique de Lisbonne. Arrive assez tôt pour ne pas faire la queue pendant des heures !

Santa Apolónia
Avenida Infante Dom Henrique, Armazém A, Cais da Pedra a Santa Apolónia
www.luxfragil.com
@luxfragil
5-20 €

BURLESQUE ET DÉJANTÉ

LE BARON

Le Baron a fermé à Paris mais s'est refait une vie à Lisbonne. Avec le même concept et avec une partie de l'équipe française, le club s'est acclimaté à l'ambiance portugaise. Si tu cèdes aux charmes des shows burlesques, parmi sa clientèle déjantée, tu ne verras pas passer la nuit !

Chiado
Rua Nova da Trindade 5G
@lebaronlisboa
Fermé dimanche-lundi
4-15 €

L'AFRO-BRÉSILIEN

B. LEZA

Même si elle est souvent vide, cette boîte de nuit qui pulse aux musiques afros et brésiliennes offre parfois de magnifiques soirées. Tiens-toi à l'affût de la programmation, ce serait dommage de rater quelque chose.

Cais do Sodré
Cais Gás 1
@clube_b.leza
2,50-12 €

CABARET DRAG-QUEEN

FINALMENTE

Un club gay et burlesque à l'ancienne. Ici, pas de code vestimentaire, pas de ségrégation par tranche d'âge : tout le monde est le bienvenu ! Pour les fans, il est possible d'acheter en souvenir le calendrier de l'équipe de volley-ball du night-club.

Príncipe Real
Rua da Palmeira 38
www.finalmenteclub.com
@finalmenteclublisboa
3-10 €

FUN FACT

RASSEMBLEMENT ROSE MARINE

La rua Nova do Carvalho est dite « Pink Street » depuis que la municipalité l'a affublée d'un revêtement rose instagrammable. Mais, quelques années en arrière, cette partie de la ville était un repère de marins. D'où les noms de ses bars et discothèques : Roterdão, Oslo, Liverpool, tous les ports du nord de l'Europe...

SHOWS EN TOUT GENRE

TITANIC SUR MER

De la musique live, des bières et beaucoup, beaucoup de chaleur dans la fosse comme sur scène. Pour la petite histoire, le nom de l'établissement n'est pas une référence au film. Il y avait dans ce hangar un restau de poisson, qui a fait faillite. Les repreneurs l'ont appelé Titanic pour rappeler ce naufrage aux anciens exploitants !

Cais do Sodré
Cais Gás
@titanicsurmer
2-9 €

VOYAGE DANS LES ANNÉES 1980

VIKING BAR

Si tu veux hurler les paroles de *Rasputin* ou de *I Want to Break Free* parmi une bande d'Anglo-Saxons tout rouges en buvant des shots de tequila pas chers, le Viking Bar est fait pour toi !

Cais do Sodré
Rua Nova do Carvalho 7
@viking_discoteca
1,50-7 €

Les meilleurs lieux pour un cocktail

Longtemps à la traîne, la mixologie portugaise connaît un véritable boom depuis une dizaine d'années. Travail sur les produits, apport de l'expérience étrangère, exploitation de lieux insolites sont au programme de bars à l'écrin unique.

RESTAURANT À COCKTAILS

CAFÉ KLANDESTINO

Conçu comme un speakeasy, il s'est forgé en peu de temps une réputation dans le monde des bars à cocktails de la ville. João, le patron, formé à Barcelone, est un mixologue accompli sans cesse à la recherche de nouvelles saveurs et d'alcools haut de gamme pour sa clientèle.

Intendente
Rua do Benformoso 256
@cafeklandestino_bar
3-12 €

LE PARADIS DES COLLECTIONNEURS

PAVILHÃO CHINÊS

Plus qu'un bar, le Pavillon Chinois est un musée où s'entassent toutes sortes d'antiquités dans cinq pièces immenses. Et pas que des chinoiseries : statuettes en bronze, costume de garde royale britannique, oiseaux rares empaillés. L'envie vous prend alors d'un bon cocktail classique et d'un cigare pour utiliser les énormes cendriers en fonte de la salle fumeurs.

Príncipe Real
Rua Dom Pedro V 89
3-15 €

LUXE ET ÉLÉGANCE

SUD LISBOA

Très jet-set ! Le parking est rempli de sportives italiennes et de 4x4 de luxe. Avec sa vue imprenable sur le pont du 25-Avril, Sud Lisboa est un des endroits les plus prisés des vedettes de télévision locale. Bling-bling à souhait, sans tomber dans le vulgaire !

Belém
Avenida Brasília
https://sudlisboa.com/fr
@sudlisboa
5-20 €

CHEZ LES MIXOLOGUES HIPSTERS

MACHIMBOMBO

Un branding rose bonbon, des néons de couleur et une équipe de joyeux drilles font le boulot au Machimbombo. Le bar est un rendez-vous de hipsters, DJ et graffeurs. N'hésite pas à goûter les plats, ils sont à la hauteur des créations des mixologues de ce gastropub.

Chiado
Calçada do Combro 87
@machimbombobar
3-12 €

INTIMISTE

A TABACARIA

On peut vite se sentir à l'étroit dans cet ancien bureau de tabac réaménagé de la rua de São Paulo. Mais dans les verres le résultat est au rendez-vous. Idéal pour un apéro entre amis en hiver ou les jours de pluie.

Cais do Sodré
Rua de São Paulo 75-77
@a_tabacaria
2-10 €

COMME À LA BELLE ÉPOQUE

FOXTROT

Un parfum de Belle Époque au cœur de Lisbonne. On aime jouer sur le tapis rouge des billards américains du Foxtrot. Ambiance Art déco, serveurs et barman en livrée, de la marqueterie au plafond. Tu reprends un petit vermouth ?

São Bento
Travessa Santa Teresa 28
www.barfoxtrot.pt
@barfoxtrot
3-15 €

MÉLANGE CULTUREL

AQUELE LUGAR QUE NÃO EXISTE

À l'intérieur des deux locaux qui se font presque face, photos interdites ! « Le lieu qui n'existe pas » est à l'image du quartier qui l'abrite : alternatif et secret. Tout aussi alternative, sa carte de restauration : soit de la pizza, soit de la nourriture indienne.

Marvila
Rua do Açúcar 76 A
2-11 €

AUX DANDYS DE MINUIT

VLADA LOUNGE

Le chic vieillot des fauteuils, la clientèle d'oiseaux de nuit, les ambiances des différentes salles ou la qualité des cocktails ? Difficile de dire ce qui fait le charme tranquille de ce bar qui n'ouvre qu'à la nuit noire... À un demi-bloc du marché d'Arroios, on ne serait pas surpris de croiser ici un Frédéric Beigbeder, le coude collé au comptoir.

Arroios
Rua Rosa Damasceno 8
@vladalounge
3-15 €

RAPPORT QUALITÉ-CUITE

SENTIDO PROIBIDO

Prix et quantité riment ici ! Les mojitos et caïpirinhas sont servis en pintes, et les barmen sont généreux sur les doses d'alcool. Le Sentido Proibido (littéralement « sens interdit ») est une voie à l'issue certaine pour qui s'aventure dans une folle nuit dans le Bairro Alto.

Bairro Alto
Rua da Atalaia 34
1-5 €

J'TE L'AVAIS DIT.

CHINER

QUARTIER DU SHOPPING BAIXA-CHIADO

****

Comme il est plus agréable de descendre que de monter, il est conseillé de faire les boutiques suivantes dans l'ordre à partir de la place Luís de Camões. À la fin du parcours, il y a l'élévateur de Santa Justa pour remonter en haut de la colline.

Savons de Porto

Claus Porto

Si tu cherches une marque de cosmétiques 100 % portugaise, celle-ci est originaire de Porto. Dans sa boutique lisboète t'attend un large choix de senteurs : savons, eaux de toilette, parfums d'ambiance…

Rua da Misericórdia 135
https://clausporto.com
@clausporto
Savons mains 14 €/150 g

Mastodonte de la porcelaine

Vista Alegre

Les passionnés y passent des heures. Les plus belles créations contemporaines de céramiques et de verrerie sont chez Vista Alegre. La maison, fondée il y a pratiquement deux siècles, est le summum du raffinement en la matière.

Largo do Chiado 20 23
https://vistaalegre.com
@vistaalegreofficial
Tasse et sous-tasse Beatriz Lamanna « Alma de Lisboa » 29 €

Bouquiniste

Livraria Sá da Costa

Ah les vieux livres ! Il existe une tradition de bouquinistes assez forte à Lisbonne, qui correspond à un profond amour de la littérature. D'ailleurs, ta balade a commencé place Luís de Camões, l'auteur de l'épopée nationale *Les Lusiades*.

Rua Garrett 100
www.sadacosta.com
#livrariasadacosta
À partir de 1 €

Beau linge de maison

Paris em Lisboa

« Paris à Lisbonne », c'est une boutique de linge de maison confectionné dans le nord du pays. Fort d'une industrie textile encore vigoureuse, le Portugal produit des pièces en coton d'une grande qualité. Si à ce savoir-faire on associe l'image de la France, synonyme de raffinement…

Rua Garrett 77
Fermé dimanche
@parisemlisboa
www.parisemlisboa.pt
Tapis de bain « Torres Novas » 14 € (100 % coton)

Doyenne des librairies

Bertrand

Elle est entrée dans le *Guinness des records* comme la plus vieille librairie au monde en activité. C'est pas la classe, ça ? Depuis 1739, la librairie Bertrand vend des livres aux Lisboètes. Elle existait avant le tremblement de terre !

Rua Garrett 73-75
www.bertrand.pt
@bertrandlivreiros
Livre à partir de 2 €

Maillots de bain

Cantê

Il y a de belles plages autour de Lisbonne, autant s'y rendre avec un outfit local ! Chez Cantê, tu pourras acheter un bikini, un bermuda, un maillot pour enfants (oui, tu peux penser à rapporter des cadeaux !) et tout un attirail d'accessoires de plage dessinés et assemblés au Portugal.

Rua Garrett 19
@cantelisboa
Fermé mardi
Bikini 100 €,
short de bain 55 €

La fripe, c'est chic

Pop Closet

Sans doute la fripe la plus branchée du Chiado, à 90 % des marques de luxe mais à un prix abordable. Le concept store est aussi un café où tu as de bonnes chances d'écouter des DJ.

Calçada do Sacramento 48
www.pop-closet.com
@popclosetofficial
À partir de 15 €

Les anciennes galeries

Armazéns do Chiado

Ne rate pas ce lieu mythique ! En 1988, l'édifice est une des principales victimes du grand incendie du Chiado. Refaite à neuf, avec une façade identique à l'originale, cette galerie marchande a repris son fonctionnement depuis 1995 avec 50 boutiques.

Rua do Carmo 2
www.armazensdochiado.com
@armazensdochiado
À partir de 1 €

Des gants pour l'hiver

Luvaria Ulisses

Si tu portes une fois des gants Ulisses, tu n'en voudras plus jamais d'autres. Faits main, en cuir, fourrés de la laine des moutons de l'Alentejo, les produits de cette ganterie sont ultra-haut de gamme. On met le prix mais c'est pour la vie. Même dans les pays nordiques, les gants Ulisses tiennent chaud aux mains !

Rua do Carmo 87 A
www.luvariaulisses.com
#luvariaulisses
Fermé dimanche
45-80 €

DES SOUVENIRS PAS TOCS QUI FONT PAS FLOP !

****

Comme dans toutes les capitales touristiques, il y a plein d'objets moches à rapporter de Lisbonne : bibelots en plastique à coller sur le frigo, T-shirts à inscriptions marrantes. Mais il y a plein de jolies choses aussi ! On en a sélectionné quelques-unes.

ON (SE) RAPPORTE À MANGER

Temple de la sardine en boîte

Loja das Conservas

Ça se transporte très bien, une boîte de conserve ! Dans cette boutique, tu trouveras toutes les grandes marques portugaises. Si tu veux épater tes amis, raconte-leur que, dans le milieu des collectionneurs, la sardine s'achète comme le bon vin et a son prix qui varie selon le millésime.

Cais do Sodré
Rua do Arsenal 130
Cântara, sardines à l'huile d'olive et origan 4 €/120 g
https://lojadasconservas.com
@lojadasconservas

Allo maman ? Préchauffe le four !

Pastéis de Belém

Oui, on peut rapporter des *pastéis* dans l'avion pour offrir en cadeau. Ces gâteaux supportent très bien quelques heures hors du frigo, tout en sachant que plus un *pastel de nata* est frais, meilleur il est. Il vaut mieux donc l'acheter le plus tard possible et que la personne à qui tu l'offres le consomme rapidement (en le réchauffant légèrement).

Belém
Rua de Belém 84-92
https://pasteisdebelem.pt
@pasteisbelem
Unité 1,50 €

Délices emblématiques

Manteigaria Silva

Morue séchée, saucisson de porc noir, fromages, épices... Tous les produits d'épicerie fine portugaise par excellence se trouvent ici en abondance. Un spectacle visuel et olfactif avant dégustation.

Baixa
Rua Dom Antão de Almada 1 C-D
@manteigariasilva1890
Fermé dimanche
À partir de 2 €

TOUTES LES BOUTEILLES DU PORTUGAL

Alcools

Garrafeira Nacional

Si tu ne devais faire qu'un caviste, c'est lui. Ils ont tout ou presque. Tout ce qui se fait au Portugal en vins, porto, liqueurs et alcools. Pour ne rien gâcher, la boutique se trouve en pleine Baixa, dans un bâtiment aux voûtes de pierre typiques de ce quartier post-tremblement de terre.

Baixa
@garrafeiranacional
Frisante Lourinho 2020 : 2 €
Real Companhia Porto Vintage 2000 : 60 €
Rua de Santa Justa 18
www.garrafeiranacional.com
Fermé samedi-dimanche

Huile d'olive

D'Olival

À D'Olival, Helena et Lino te feront voyager avec leurs dégustations (en français si besoin !) du nord au sud du pays à travers l'or liquide du Portugal. Une véritable boutique hommage à l'huile d'olive qui regorge de surprises.

São Bento
Rua Poiais de São Bento 81
https://dolival.pt
@olival.azeites
Fermé dimanche
Flacon à partir de 4 €

ON SOUTIENT LES CRÉATEURS

Sérigraphies

CPS

Le Centre portugais de sérigraphie est une des plus intéressantes institutions à visiter. Elle a en stock des milliers d'œuvres de reproduction, de sérigraphies, de gravures de tout le 20e et déjà 21e siècle. Acheter au CPS, c'est aussi soutenir la création artistique contemporaine !

Santos
Rua dos Industriais 6
www.cps.pt
@centroportuguesdeserigrafia
Fermé samedi-dimanche
À partir de 10 €

Dentelles

Avó Veio Trabalhar

Non seulement les objets sont de très bonne qualité mais en plus ils sont faits par une assoc qui remplit une fonction sociale. Ce sont des grands-mères qui confectionnent à la main tous les objets dans cette boutique. Si ça te dit, tu peux même participer à un atelier avec elles !

Arroios
Largo Mendonça e Costa 10
www.fermenta.org
@aavoveiotrabalhar
Oreiller tricoté main 35 €

DES CARREAUX À GOGO

Conservatoire de l'azulejo

Cortiço e Netos

À la fois traditionnelle et moderne, « Cortiço et petits fils » est une entreprise transgénérationnelle. La boutique possède une collection d'azulejos d'une vingtaine de marques portugaises et participe activement à la conservation de cet art au Portugal.

Novas Nações
Rua Maria Andrade 37D
www.corticoenetos.com
@corticoenetos
À partir de 4,50 €

SHOPPING EXPRESS - TOUT EN UN

****

Si vous sortez chiner en groupe, c'est plus sympa si tout le monde y trouve son compte et pas seulement les shoppings addicts. Voici les endroits où la partie de plaisir des uns sera une balade agréable pour les autres.

Fashion en friche

LX Factory

D'une ancienne usine désaffectée est né LX Factory. Un dédale de petits commerces de créateurs, de restaurants, de cafés vous attend dans cette friche industrielle réinventée dont la brique rouge et l'ambiance hipster font penser à certaines zones de Berlin.

Alcântara
Rua Rodrigues de Faria 103

https://urlz.fr/iakk
@lxfactory
À partir de 5 €

FUN FACT

CODE SECRET ?

Vous vous demandez peut-être ce que signifie le sigle LX, que l'on voit inscrit un peu partout à Lisbonne (comme dans le nom du LX Factory). Ce n'est pas le code IATA de l'aéroport de Lisbonne (qui est LIS), mais une abréviation qui fait référence à une ancienne orthographe de la capitale portugaise, Lixbõa.

Puces

Feira da Ladra

Deux fois par semaine, c'est marché aux puces (littéralement «marché des voleurs») autour du mercado de Santa Clara. Un repaire d'antiquaires, de fripes et d'artisanat local. Prévoir deux bonnes heures pour aller y faire un tour.

Santa Clara
Campo de Santa Clara
Chemise à fleurs vintage 2 €
#feiradaladra
Mardi et samedi

Un amour de Portugal

Portugal dos Meus Amores

En plein quartier de shopping, vous avez un véritable condensé de souvenirs traditionnels à rapporter. Mets fins, linge de maison, bijoux ou encore vaisselle de Bordalo Pinheiro. Idéal si vous n'avez pas envie d'aller dans 50 magasins !

Baixa
Calçada do Sacramento 21
www.portugaldosmeusamores.pt
@portugaldosmeusamores
Hirondelle en céramique 10 cm 5 €

Art de vivre

A Vida Portuguesa

Un peu le même concept que Portugal dos Meus Amores, mais l'endroit prend un virage un peu plus « terroir ». Le bâtiment qui l'abrite, ancienne fabrique d'azulejo de Viúva Lamego, est en lui-même un petit joyau ! La chaîne possède aussi un magasin dans le quartier du Chiado et un au Time Out Market.

Intendente
Largo do Intendente Pina Manique 23
Spatule de cuisine en olivier 10 €
www.avidaportuguesa.com
@avidaportuguesa

Concept store

Embaixada

Ça ressemble à un ancien palais arabo-andalou, vous n'y verrez pas passer la première heure ! D'autant que vous pourrez vous poser au café installé en son centre pour reposer vos jambes des boutiques réparties sur 2 étages. Flânez aux balcons et entrez dans toutes les pièces pour trouver des souvenirs et des marques de vêtements artisanales, 100 % made in Lisboa.

Príncipe Real
Praça do Príncipe Real 26
https://embaixadalx.pt
@embaixadalx
À partir de 2 €

Les plus grandes galeries

El Corte Inglés

Cousin espagnol des Galeries Lafayette, « le capitaine anglais » a une succursale à Lisbonne. Retrouvez toutes les marques internationales et certaines marques de mode portugaises dans cet immeuble situé à deux pas du parc Eduardo VII. Rooftop au dernier étage pour ceux qui préfèrent passer l'après-midi à écluser des bières plutôt que des fringues dans une cabine d'essayage.

São Sebastião da Pedreira
Avenida António Augusto de Aguiar 31
@elcorteinglespt
À partir de 4 €

SE BALADER

LE BEST OF

9 LIEUX À VOIR ABSOLUMENT

TOUT SUR L'AZULEJO

☐ MUSEU NACIONAL DO AZULEJO

Tu irais dans un musée pour admirer du carrelage ? Et pourtant, l'azulejo est un des arts picturaux les plus aboutis au Portugal. L'ancien couvent qui abrite ces collections vaut en lui-même le détour : en dégustant un café dans sa cour centrale, tu te sentiras hors du temps.

- Beato
- Rua de Madre de Deus 4
- www.museudoazulejo.gov.pt
- @museunazulejo
- Fermé lundi
- Entrée 5 €, -25 ans 2 €

AU CŒUR DU VIEUX LISBONNE

☐ PRAÇA DO COMÉRCIO

Tous les chemins y mènent, à l'immense place du Commerce. La grande œuvre du marquis de Pombal, après le tremblement de terre de 1755. Tu la reconnaîtras à son arc de triomphe au centre et à ses façades jaune safran. Elle fait partie de ces grandes places qui impressionnent la première fois qu'on les visite.

- Baixa
- Praça do Comércio
- #praçadocomercio
- Gratuit

L'HÉRITAGE MAURE

☐ CASTELO DE SÃO JORGE

Le château médiéval Saint-Georges est un héritage des plus de cinq siècles d'occupation arabe du Portugal. Sa construction s'est achevée en 1190. La ville aux sept collines s'appelait alors al-Ushbuna. (Il faut dire qu'elle en a porté, des noms, d'Olippio à Lisboa...)

- Alfama
- Rua de Santa Cruz do Castelo
- Entrée 10 €, -25 ans 5 €
- https://castelodesaojorge.pt
- @castelodesjorge

LE QUARTIER TENDANCE

☐ MARVILA

Dans ses hangars désaffectés, cet ancien quartier industriel accueille des entreprises liées à la création, des brasseries artisanales, etc. N'hésite pas à y aller en fin d'après-midi pour assister à un événement de la galerie Underdogs ou simplement pour boire un coup chez Musa.

- Marvila
- #marvila
- Gratuit

DE L'ART, J'ADORE

☐ MUSEU CALOUSTE GULBENKIAN

On n'aime pas s'enfermer, mais, quand même, cette fondation compte parmi les plus prestigieux musées européens. Dans sa collection permanente, quatre millénaires de création artistique, jusqu'au début du 20e siècle. Ajoute à ça des expos temporaires de tout aussi grande qualité, une saison musicale riche, un parc magnifique… Il faut y aller !

Saldanha
Avenida de Berna 45A
https://gulbenkian.pt/museu
@fcgulbenkian
Fermé mardi
Entrée 10 €, -30 ans 5 €

SOUS LA MER

☐ OCEANÁRIO

Deux heures d'évasion océanique (au moins) à l'océanarium de Lisbonne, l'un des plus grands et des plus complets d'Europe. Le bassin central abrite de très grands spécimens de raies ou de requins, à observer sans crainte à partir de trois niveaux.

Parque das Nações
Esplanada Dom Carlos I
www.oceanario.pt
@oceanariodelisboa
Entrée 19 €

LA PLUS CHIC AVENUE

☐ AVENIDA DA LIBERDADE

Ah, l'avenue de la Liberté, la plus longue et la plus belle de Lisbonne… On la compare souvent aux Champs-Élysées : adresse lisboète des maisons de luxe internationales, ornée d'arbres et de magnifiques motifs de *calçada portuguesa* (ces pavements bicolores). Elle part de la place du Rossio et monte jusqu'à la statue du marquis de Pombal, en bas du parc Eduardo VII.

Baixa
Avenida da Liberdade
#avenidadaliberdade
Gratuit

DU VERT DANS LA VILLE

☐ PARQUE DE MONSANTO

Avec un tiers de la superficie de la ville, le parc de Monsanto est le véritable poumon vert de la métropole. On vient y faire du VTT, visiter le centre d'observation de sa faune et de sa flore et même participer à des fêtes de musique électronique… Le tout à 15 minutes du centre !

Serra de Monsanto
Parque Florestal de Monsanto
#monsanto
Gratuit

LE DÉBUT DE L'AVENTURE

☐ PONTE 25 DE ABRIL

Il suffit de passer le pont (du 25-Avril) pour se rendre aux plages de Caparica ou aller voir de plus près le Cristo Rei. Monter sur ce géant de fer, petit frère du Golden Gate de San Francisco, c'est déjà une expérience de voyage. Si tu ne conduis pas, lève la tête en passant dessus pour admirer l'architecture !

Alcântara
Ponte 25 de Abril
www.lusoponte.pt
@ponte25deabril
2 € en voiture

L'ALFAMA ET LA MOURARIA

Le premier vers le sud, le second vers l'ouest : deux versants d'une colline sur laquelle repose le château São Jorge. Deux quartiers uniques, complémentaires, qui malgré le tourisme gardent leur charme et une part d'authenticité ! Deux labyrinthes historiques qui portent l'âme populaire d'une Lisbonne éternelle...

DÉPART:

Campo de Santa Clara

ARRIVÉE:

Praça Martim Moniz

DURÉE:

3 heures

ITINÉRAIRE :

AUX GRANDS HOMMES

PANTEÃO NACIONAL

Dans l'église Santa Engrácia, à quelques mètres de l'entrée de l'Alfama, se trouve le Panthéon national. Inauguré en 1966 pour honorer les grands de la nation, le lieu, paré d'immenses plaques de marbre, sert aussi pour des concerts de musique classique et traditionnelle.

Alfama
Campo de Santa Clara
www.panteaonacional.gov.pt
@panteaonacional
Entrée 3 €

LA TRADITION REVISITÉE

SPOT • SPOT •

ALFAMA CELLAR

Des plats goûteux, mijotés, traditionnels mais pas trop lourds ! Alfama Cellar propose un répertoire de cuisine traditionnelle dans une ambiance vintage, en se permettant parfois quelques entorses au règlement. Pari réussi !

Alfama
Rua dos Remédios 127-131
www.alfamacellar.pt
@alfamacellar
Plat 15-28 €

LE CALME EN PLEINE MÉDINA

MIRADOURO DE SANTO ESTÊVÃO

Un petit havre de paix au milieu de l'Alfama, on y accède via un dédale de ruelles et venelles. L'igreja de Santo Estêvão qui l'occupe, de style baroque, fut édifiée en 1733 sur la base d'une église romane du 12e siècle. L'édifice a souffert du tremblement de terre de 1755, il a été bien restauré depuis.

Alfama
Beco do Carneiro 3

AU CENTRE DU QUARTIER

LARGO DE SÃO MIGUEL

Le centre de la vie de l'Alfama ! Passage obligé des chanteurs de fado et des touristes, la place est le théâtre régulier de festivités. En son centre, l'église São Miguel est un classique du maniérisme. N'hésite pas à y entrer si elle est ouverte : cela n'arrive pas souvent...

Alfama — Largo de São Miguel

CATHÉDRALE CENTRALE

SÉ DE LISBOA

La cathédrale de Lisbonne a été construite sur les ruines d'une mosquée, après la Reconquista. La « Sé », comme l'appellent affectueusement les Lisboètes, est un mélange de styles d'architecture, à l'image de l'histoire de la ville.

Alfama — Largo da Sé

VUE SUR LE TAGE

MIRADOURO DE SANTA LUZIA

Non seulement le belvédère t'offre une vue imprenable sur le Tage, mais il déroule aussi de très beaux jardins ! Prends le temps d'admirer la fresque en azulejos du 18e siècle : elle représente le chevalier Martim Moniz se sacrifiant pour que Lisbonne soit reprise aux Maures, en 1147.

Alfama — Largo Santa Luzia

SURPLOMBANT L'ALFAMA

MIRADOURO DAS PORTAS DO SOL

Les tuiles de l'Alfama à tes pieds ! Depuis ce mirador, tu comprendras que ce quartier a été une grande médina, la vieille ville de l'époque arabe. La vue se savoure aussi en buvant un rafraîchissement sur la grande terrasse qui lui fait face.

Alfama — Largo Portas do Sol — #portasdosol

L'HÉRITAGE ROMAIN

TEATRO ROMANO

Les ruines de ce théâtre rappellent l'importance de la cité à l'époque romaine. Et c'est grâce au tremblement de terre de 1755, et à l'effondrement des bâtiments qui reposaient dessus, qu'on connaît son existence ! En face des vestiges, un musée raconte l'histoire de la ville antique.

Alfama — Rua de São Mamede 3A — Entrée 3 €, -25 ans 1,50 €

RACCOURCI MÉCANISÉ DANS L'ALFAMA

Si tu veux éviter la montée à pied du largo de São Miguel au miradouro de Santa Luzia : à gauche de l'église São Miguel, prends les escaliers du beco da Corvinha puis (50 mètres plus loin sur la gauche) la calçadinha da Figueira. Elle mène à un ascenseur (elevador de Santa Luzia) qui grimpe direct au belvédère !

ASCENSEUR POUR DESCENDRE

ELEVADOR DA BAIXA

En descendant la costa do Castelo, à l'embranchement avec la calçada do Marquês de Tancos, tu peux admirer d'en haut la Baixa, la ville basse reconstruite en damier après le séisme de 1755. Et, si ça te tente, prendre l'ascenseur (*elevador*) do Castelo pour te retrouver, en bas, en bordure de la Mouraria.

Mouraria · Largo Chão do Loureiro 3 · Gratuit

LA PETITE PORTE DE LA MOURARIA

ESCADINHAS DE SÃO CRISTÓVÃO

À partir de la rua da Madalena, les escaliers de São Cristóvão projettent directement dans la Mouraria. Un bon coup de mollets t'emmènera au pied de l'église du même nom ! Sur le chemin, lève la tête et retourne-toi régulièrement pour apprécier le charme de cette ruelle piétonne…

Mouraria · Escadinhas de São Cristovão · #escadinhasdesaocristovao

TOUT LISBONNE DANS UN CAFÉ

SPOT • SPOT • SPOT •

CAFÉ O CORVO

Bienvenue au centre du quartier le plus multiculturel de Lisbonne ! Une fontaine, l'ombre des arbres… Dans ce café à la large terrasse, on fait un peu de tout assez bien : du traditionnel ou des brunchs végétariens. Un condensé de la capitale dans un établissement, c'est peut-être pour ça qu'il a choisi comme nom le corbeau, animal symbolique de la ville.

Mouraria · Largo dos Trigueiros 15A-15B
@cafeocorvo · Fermé mercredi · 7,50-20 €

AU BERCEAU DU FADO

RUA DO CAPELÃO

Quoi de plus portugais qu'une guitare (portugaise) gravée dans un bloc en marbre ? Celle-ci nous rappelle que la Mouraria est le premier berceau du fado. En t'aventurant dans la rue, tu tomberas sans doute sur une taverne où l'on t'apprendra l'histoire de Maria da Severa, la prostituée qui a donné au style musical ses lettres de noblesse.

Mouraria — **Rua do Capelão** — **#berçodofado**

DÉLICE DE LA MOURARIA

SPOT • SPOT • SPOT

DOCE MILA

La Mouraria a un petit gâteau à son nom : le *pastel da Mouraria*. À base de farine de fayots, d'amandes et d'œufs, ce dessert très sucré rappelle certaines pâtisseries arabes. À déguster chez Doce Mila, au cœur du quartier.

Mouraria
Beco dos Cavaleiros 15
@pastelaria.docemila
Pastel 1,50 €

BALADE LE LONG DES QUAIS

À Lisbonne le Tage est roi ! D'où qu'on soit dans le centre historique, il suffit de se pencher par la fenêtre pour le voir, les collines versent tous leurs quartiers dans sa direction... Le long de ses quais on apprécie sa quiétude qui baigne la ville.

DÉPART:

Pilar 7, Alcântara

ARRIVÉE:

Gare Santa Apolónia

DURÉE:

3-4 heures
sans visiter les musées

ITINÉRAIRE :

AU PONT DU 25-AVRIL

PILAR 7

Autrefois pont Salazar, rebaptisé après la chute du régime dictatorial (révolution des Œillets, 25 avril 1974). De la conception à la construction, on suit toutes les étapes pour terminer le parcours par l'ascension du 7e pilier dans un ascenseur en verre !

Alcântara
Avenida da Índia, pilar 7 da Ponte 25 de Abril
#pilar7
Entrée 5 €, étudiants 3,50 €

AU PIED DU PONT

DOCAS DE SANTO AMARO

Un port de plaisance avec une marina aux terrasses animées... Flâne le long des pontons pour admirer les voiliers ou fais une pause dans un des nombreux bars-restaurants de cet ancien dock de marchandises.

Alcântara

BUS QUI FLOTTE

HIPPOTRIP

Comme un hippopotame, le bus de la compagnie Hippotrip a la faculté de circuler sur terre comme dans l'eau. Vu de l'extérieur, ça fait attrape-touriste, mais circuler dans ce sympathique véhicule amphibie est une expérience très amusante !

Alcântara
Doca de Santo Amaro, edifício Hippotrip
www.hippotrip.com
@hippotrip
Billet 28 €

ART ORIENTAL

MUSEU DO ORIENTE

Pars sur les traces de Vasco de Gama en découvrant la superbe collection d'arts asiatiques de ce musée ! Un hommage aux échanges commerciaux et diplomatiques plusieurs fois centenaires qui unissent le Portugal et les pays d'Orient.

Alcântara
Avenida Brasília, doca de Alcântara
www.foriente.pt
@museudooriente
Fermé lundi
6 €

ART D'EUROPE

MUSEU NACIONAL DE ARTE ANTIGA

Prends au moins 2 heures si tu veux visiter toutes les salles du musée d'Art ancien consacrées à l'art portugais et à la peinture européenne. Devant le musée, le Jardim 9 de Abril et ses tonnelles offrent une ombre bienvenue les jours de grand soleil ou de canicule...

Santos
Rua das Janelas Verdes
www.museudearteantiga.pt
@mnaa_lisboa
Fermé lundi
Entrée 6 €, étudiants 3 €

UNE PAUSE AU CAFÉ

SPOT • SPOT • SPOT •

JARDIM DOM LUÍS

À côté du Time Out Market, le jardin est un rendez-vous pour les touristes et les étudiants des écoles voisines. En son centre, un kiosque où boire le café, comme on en trouve dans tous les jardins publics de Lisbonne.

Cais do Sodré
#jardimdomluis

AU BORD DE L'EAU

CAIS DAS POMBAS

De nombreux groupes viennent et s'arrêtent sur les marches du quai des Colombes. Soit pour y prendre l'apéro en écoutant des musiciens de rue, soit pour y pratiquer une activité sportive. Tu peux aisément observer un cours de yoga ou de kizomba, ou y participer !

Terreiro do Paço

L'ENTRÉE DES CÉLÉBRITÉS

CAIS DAS COLUNAS

En face de la praça do Comércio, deux colonnes en marbre symbolisent « l'entrée noble » de Lisbonne par le fleuve. Elles datent de la reconstruction qui a suivi le terrible tremblement de terre de 1755, et sont contemporaines de la Baixa.

Terreiro do Paço

MAISON POINTUE

FUNDAÇÃO JOSÉ SARAMAGO - CASA DOS BICOS

José Saramago est le seul écrivain lusophone à avoir obtenu le prix Nobel de littérature. Cette fondation permet d'apprécier sa vie et son œuvre. L'édifice qui l'abrite, la Casa dos Bicos, vaut à lui seul le détour, avec sa façade couverte de pierres taillées en pointes de diamant.

Baixa
Rua dos Bacalhoeiros 10
www.josesaramago.org
@fjsaramago
Fermé dimanche
Entrée 3 €, étudiants 2 €

FONTAINE ROYALE

CHAFARIZ D'EL-REI

Construite au 13e siècle, elle est la première fontaine publique de la ville. Le fantasmagorique palais néo-mauresque qui la domine, édifié à la fin du 19e siècle, est aujourd'hui un hôtel de luxe.

Alfama
Rua Cais de Santarém 23

IDÉAL POUR LES NÉOPHYTES

MUSEU DO FADO

Tout en bas de l'Alfama se trouve le musée du Fado. En une heure, tu sauras tout ou presque sur le style de musique populaire lisboète par excellence. Contenu un peu superficiel, mais qui va à l'essentiel !

Alfama
Largo do Chafariz de Dentro 1
www.museudofado.pt
@museudofado
Fermé lundi
Entrée 5 €, -25 ans 2,50 €

GARE HISTORIQUE

GARE SANTA APOLÓNIA

Certaines lignes ayant été abandonnées au profit de gares plus centrales, elle peut parfois faire vide, cette gare. Et pourtant elle en a accueilli, du monde ! Pour plusieurs générations, elle représente le point de départ vers la France lors de l'exil des Portugais sous la dictature de Salazar.

Santa Apolónia
Avenida Infante Dom Henrique 1

www.cp.pt/passageiros/pt
@cp_comboiosdeportugal

L'ART DE LA VILLE

Une des signatures de Lisbonne est sa lumière particulière. Les artistes l'ont bien compris et le street art a pris possession des rues de la capitale, entre collectifs locaux et grands noms internationaux. Dans la partie est de la ville, voici quelques-unes des plus belles pièces à admirer.

DÉPART :
Miradouro das Portas do Sol

ARRIVÉE :
Praça da Figueira

DURÉE :
2h30

ITINÉRAIRE :

HOMMAGE À AMÁLIA RODRIGUES

« CALÇADA DA AMÁLIA », ALEXANDRE FARTO AKA VHILS

Le pavement du sol grimpe au mur et se transforme en visage. Le street artiste Vhils rend ici hommage à Amália Rodrigues, la diva du fado. Le portrait de la chanteuse a été réalisé avec l'aide de l'école de *calçada* portugaise.

Alfama
Rua de São Tomé
https://vhils.com
@vhils

LA DOUBLE CULTURE DE M. ANDRÉ

ANDRÉ SARAIVA, OU ANDRÉ

Une fresque en céramique de 198 mètres de long ! Dans cette œuvre monumentale, l'artiste parisien d'origine portugaise André Saraiva exprime sa double culture. On ne se lasse pas non plus de voir Monsieur A (son personnage fétiche) qui figure en bonne place dans ce mur en azulejos.

Graça
Campo de Santa Clara
www.mrandre.com
@andresaraiva

LA FEMME AUX DEUX FACETTES

SHEPARD FAIREY, ALIAS OBEY + ALEXANDRE FARTO AKA VHILS

La rencontre de deux artistes contemporains de renom. Le mural, qui représente une femme coiffée d'un fichu, marque leurs styles caractéristiques, le premier peignant avec des couleurs chaudes, l'autre rognant les murs.

Graça
Rua da Senhora da Glória
@obeygiant

UNE VILLE À PEINDRE

Si tu as un talent d'artiste ou que tu veux t'essayer à la bombe, Lisbonne est faite pour toi ! La mairie développe une politique favorable au street art et à son initiation. Dans certains quartiers, comme à Benfica ou dans le Bairro Alto, il est possible de graffer les murs en toute légalité.

Les endroits autorisés ?
Voir gau.cm-lisboa.pt

LA RÉVOLUTIONNAIRE

SHEPARD FAIREY (OBEY)

Le même Shepard Fairey est un habitué des portraits politiques. Pendant l'élection américaine de 2008, il avait réalisé le portrait *Hope* de Barack Obama. Ici, cette femme révolutionnaire, portant un œillet rouge à la mitraillette, est une des plus majestueuses œuvres d'art urbain à Lisbonne.

Graça · **Rua Natália Correia** · **@obeygiant**

COMME UN LIVRE DE PESSOA

AKACORLEONE

Desassossego : l'agitation ou l'inquiétude. Celle de l'auteur de la fresque, le Lisboète Akacorleone, ou celle à qui le mural rend hommage, le poète Fernando Pessoa ? Un passage obligé en tout cas pour connaître le style d'un des street artistes portugais les plus talentueux de sa génération.

Graça
Rua Damasceno Monteiro

http://akacorleone.com
@akarcorleone

GRAFF EN COLIMAÇON

CARACOL DA GRAÇA

Comme un escargot vu d'en haut. L'escalier biscornu qui joint la Mouraria au quartier de Graça porte bien son nom. Le collectif « Yes, You can spray ! » investit le lieu et relooke les murs de cette interminable ascension en galerie d'art.

Graça
Caracol da Graça

https://yesyoucanspray.com
@yesyoucanspray

LIBELLULE GÉANTE

BORDALO II

Spécialiste des créations à base de matériaux recyclés, le Lisboète Bordalo II a choisi sa ville comme terrain d'expression. Dans les rues, tu reconnaîtras facilement ses animaux de métal et de plastique, comme cette libellule, au bar de l'hôtel 1908.

Intendente
Bar Infame, Hôtel 1908
Largo do Intendente Pina Manique 4

www.bordaloii.com
@bOrdalo_ii

LE COMPTOIR DES ANCIENS

SPOT • SPOT •

ADEGA DOS PRESUNTOS

Impossible de s'asseoir autour du lourd comptoir en zinc. C'est debout qu'on mange son sandwich de porc pané, accompagné d'une soupe... et d'un verre de vin rouge aigre à décaper les chromes ! Prisé des ouvriers et des personnages hauts en couleur du quartier, Adega dos Presuntos est très folklorique, propre, rapide et pas cher !

Martim Moniz
Beco Barbadela

Fermé dimanche
Moins de 5 €

STREET ART AVEC LES ARTISTES

Quoi de mieux qu'un street artiste pour expliquer l'art urbain ? Plusieurs organismes proposent la visite de Lisbonne en compagnie d'artistes ou de spécialistes. Un regard original et précis sur ce phénomène qui pourra t'aider à mieux comprendre son importance dans la ville blanche.

@yesyoucanspray
@monlisbonne

HOMMAGE À LA MOURARIA

« O TRIBUTO », CAMILLA WATSON

Quand une photographe britannique tombe amoureuse des anciens de la Mouraria. Camilla Watson s'est servi des murs de la Mouraria comme support permanent de ses clichés. Et le sujet, ce sont les habitants de ce quartier typique qui l'a accueillie.

Mouraria
Beco das Farinhas
www.camillawatson.com
#camillawatson

MURAL FADO

« FADO VADIO », MOVIMENTO OS AMIGOS DE SÃO CRISTÓVÃO

Tu l'as sans aucun doute déjà vu en faisant des recherches sur Lisbonne. Œuvre d'un collectif, cet hommage au fado et aux tavernes de Lisbonne agrémente superbement les escaliers de São Cristóvão.

Mouraria
Escadinhas de São Cristovão

CHEZ L'ÉTOILÉ

SPOT • SPOT • SPOT

BAIRRO DO AVILLEZ

Goûter la cuisine de José Avillez à un prix relativement abordable ? C'est possible ! Le chef étoilé et ultra-médiatisé a fait de ce patio de 1 000 m² une ambassade populaire de sa vision de la cuisine. Tu as ici le choix entre le bar, la *taberna* plutôt traditionnelle, le *pateo* orienté poissons, et la pizzeria. Réserver sur le site.

Chiado
Rua Nova da Trindade 18
www.bairrodoavillez.pt/pt
@bairrodoavillez
Compter 30 €/personne

LISBONNE

UN GRAND JARDIN AU BORD DE L'EAU

Son climat clément et une certaine culture de la botanique permettent à la capitale portugaise de bénéficier de nombreux parcs et jardins en centre-ville. Les prendre comme fil conducteur d'une balade est une autre façon de découvrir la capitale. Attention, ça grimpe !

DÉPART:

Campo dos Mártires da Pátria

ARRIVÉE:

Parc Eduardo VII

DURÉE:

3 heures

ITINÉRAIRE :

PARADIS DES GALLINACÉS

CAMPO DOS MÁRTIRES DA PÁTRIA

Ici, poules, coqs et canards sont rois ! Sur la colline centrale de Santana, ce jardin public possède une petite basse-cour qui se promène toute la journée en liberté dans ses allées. Tu remarqueras aussi divers exemples de *calçada portuguesa* au sol (pavement bicolore).

Santana
Campo dos Mártires da Pátria
#campomartiresdapatria
Gratuit

JARDIN PERCHÉ

JARDIM DO TOREL

Quelle vue ! En face se dévoilent le quartier Príncipe Real et le mirador de São Pedro de Alcântara. Dans la partie inférieure, une grande fontaine est transformée en piscine publique aux jours les plus chauds de l'été. Pour les boulistes, l'esplanade à côté est un des rares endroits plats de Lisbonne où jouer à la pétanque ! Sortir par la rua do Telhal.

Santana
Rua Júlio de Andrade
#jardimdotorel
Gratuit

UNE PAUSE AVANT LA MONTÉE

JARDIM ALFREDO KEIL

Arrêt obligatoire après avoir traversé l'avenue de la Liberté ! La praça da Alegria abrite en son centre un jardin dont le nom rend hommage au compositeur de l'hymne national, *A Portuguesa*, Alfredo Keil. Avec de grands arbres pour ombrager les bancs sur lesquels on se repose avant d'attaquer la montée jusqu'à Príncipe Real.

Príncipe Real
Praça da Alegria
#jardimalfredokeil
Gratuit

PROMENADE EN HAUTEUR

JARDIM DE SÃO PEDRO DE ALCÂNTARA

Te voilà sur l'autre colline : le mirador vaut le détour pour sa vue et ses parterres symétriques. Juste en face, sur ta gauche, le Jardim do Torel, où tu te trouvais il y a une demi-heure environ.

Príncipe Real
Rua de São Pedro de Alcântara
#miradourosaopedrodealcantara
Gratuit

ROMANTIQUE PARC DE QUARTIER

JARDIM DO PRÍNCIPE REAL

Vivant et romantique : l'iconique cyprès du Portugal (on dit « cyprès du Mexique » en portugais) de 150 ans te laissera sans voix ! Il est taillé en tonnelle, classé d'intérêt général, sa coupe est si lourde qu'elle est soutenue par une armature de métal.

Príncipe Real
Praça do Príncipe Real
#jardimdoprincipereal
Gratuit

JARDIN BOTANIQUE DE LISBONNE

JARDIM BOTÂNICO DE LISBOA

Ce paysage de 40 000 m² au cœur de Lisbonne a été créé sur un flanc de colline par des paysagistes allemands et français à la fin du 19e siècle. Au jardin botanique, 1 500 espèces exotiques d'arbres et de plantes sont recensées.

Príncipe Real
#jardimbotanicolisboa
Rua da Escola Politécnica 56-58
Entrée 3 €, étudiants 1,50 €

ACCÉLÈRE LA BALADE

Trottinette, Uber, taxi, vélo… N'importe quel moyen est bon pour t'éviter le kilomètre de marche et le passage à pied du carrefour du Rato, bruyant et encombré. Rendez-vous de l'autre côté, dans le quartier des Amoreiras !

À LA SOURCE DE L'EAU

JARDIM DAS AMOREIRAS

À l'origine, c'était un jardin de mûriers (*amoreiras*) imaginé par le marquis de Pombal, au centre du quartier du même nom. Il abrite aussi le reservatório da Mãe d'Água, le premier réservoir d'eau potable de la ville, où aboutit l'aqueduc qui l'approvisionne.

Amoreiras
Praça das Amoreiras 30
#jardimdasamoreiras
Gratuit

LE FUMET QUI T'ATTIRE

SPOT • SPOT • SPOT •

JÁ FUMEGA

Ça fume déjà ! Voilà le nom très commerçant de cet antre de générosité. Les amoureux d'iode choisiront le riz aux fruits de mer *arroz de mariscos*, et les viandards un bon *naco na pedra*, steak grillé selon l'envie sur une pierre servie à table.

Amoreiras
Rua Campo de Ourique 11-13
www.jafumega.com
13-20 €

SERRE FROIDE

ESTUFA FRIA

Le nom est trompeur. Il ne fait pas froid dans la Estufa Fria, elle ne possède juste pas de système de climatisation. À l'intérieur, deux autres serres : la serre « chaude » pour les plantes tropicales et la serre « douce » pour les plantes grasses de climats secs.

Marquês de Pombal
Parque Eduardo VII
#estufafria
Entrée 3 €, étudiants 1,50 €

LA VUE PARFAITE

PARQUE EDUARDO VII

Il n'y a pas de vue plus impériale que celle qui s'offre du haut du parc Eduardo VII. Le spot parfait pour t'étendre sur une pelouse et regarder la ville s'agiter en contrebas : le rond-point du marquis de Pombal embouteillé, l'avenue de la Liberté et son concert de klaxon. On n'est pas mieux en vacances ?

Marquês de Pombal
Parque Eduardo VII
#eduardovii
Gratuit

MON ROYAUME POUR UNE MORUE !

SPOT • SPOT • SPOT •

LAURENTINA, O REI DO BACALHAU

Fonce chez Laurentina, l'autoproclamé roi du *bacalhau*, si tu veux goûter à une vraie bonne morue portugaise ! Il y a une quinzaine de façons de la consommer dans cet établissement de bon standing mais aux prix modérés.

Avenidas Novas
Avenida Conde Valbom 71A
www.restaurantelaurentina.com
@restaurantelaurentina
13,50-30 €

SUR LA ROUTE DE CASCAIS

On connaissait la French Riviera, voici la Riviera Portuguesa ! Cascais, ville balnéaire chic, n'est qu'à quelques encablures du centre de Lisbonne. On y va en train, c'est plus cool. Sur le trajet, quelques arrêts sont indispensables.

DÉPART :
Cais do Sodré, Lisbonne

ARRIVÉE :
Marina de Cascais, Cascais

DURÉE :
Une demi-journée

BILHETE TURÍSTICO :
https://urlz.fr/isax
Billet 6 € valable 24 heures, arrêts à volonté

ITINÉRAIRE :

UN CABINET D'HISTOIRE NATURELLE MARINE

MUSEU E AQUÁRIO VASCO DA GAMA

Fan d'histoire naturelle, réjouis-toi ! S'il possède bien quelques espèces vivantes, c'est davantage pour ses vitrines de coquillages et de squelettes que l'aquarium Vasco da Gama se distingue. Ça sent bon le 19e siècle, on aime !

Algés
Rua Direita do Dafundo, 1495-718 Cruz Quebrada
@aquariovascodagama **Entrée 5 €**

LA VIE DE VILLAGE

PAÇO DE ARCOS

C'est un ancien village de pêcheurs. Les quelques rues piétonnes du centre-ville ont conservé leur charme d'autrefois. Laisse-toi aller à flâner dans les allées du marché aux halles, toujours bien approvisionné, et plus bas, contre l'avenue côtière dans le petit parc face à la mer.

Paço de Arcos
Mercado municipal, rua José de Oliveira Raposo 8

PLAGE URBAINE

PRAIA DE CARCAVELOS

La plage populaire des surfeurs ! Parce qu'elle est très proche de Lisbonne, parce qu'on peut y aller en train et parce que les vagues sont souvent au rendez-vous. En été, elle se transforme en paradis des bronzeurs citadins.

Carcavelos **Avenida Marginal**

LES ROCHERS FACE À L'OCÉAN

SÃO PEDRO DO ESTORIL

Les jours de tempête il faut voir les vagues se casser sur le miradouro Pedra do Sal ! Promontoire de roche qui s'avance courageusement dans l'océan, il offre une vue sur l'avenue à gauche. Un peu plus loin, la petite plage de Bafureira restée secrète grâce à son accès accidenté.

São Pedro do Estoril

LA PERLE DU BOLINA

SPOT

BOLINA LOUNGE

Le célèbre restaurant de poisson d'Estoril t'ouvre son atmosphère jeune et festive. Un bar branché où picorer des tapas et passer une soirée les pieds dans l'eau. En hiver on reste dans le lounge, l'été on profite de la terrasse !

Estoril
Rua Olivença 3
www.bolina.fish
@pearl_at_bolina_lounge
Fermé mardi
À partir de 15 €

LES LUMIÈRES DU CASINO

SPOT

CASINO ESTORIL

On raconte qu'il s'y joue (et s'y perd) des fortunes. Mythique à bien des égards, cet énorme bâtiment tout de lumière face à l'océan possède aussi plusieurs bars et une salle de concert à la programmation très riche !

Estoril
Avenida Doutor Stanley Ho
@casino.estoril
À partir de 5 €

ESTORIL, NID D'ESPIONS

Bienvenue chez 007 ! C'est le quartier du casino d'Estoril, que Ian Fleming fréquentait durant la Seconde Guerre mondiale, qui a inspiré la plus célèbre saga d'espion. À l'époque le Portugal était neutre, le casino et les hôtels environnants étaient des mines d'informations pour les agents des deux camps.

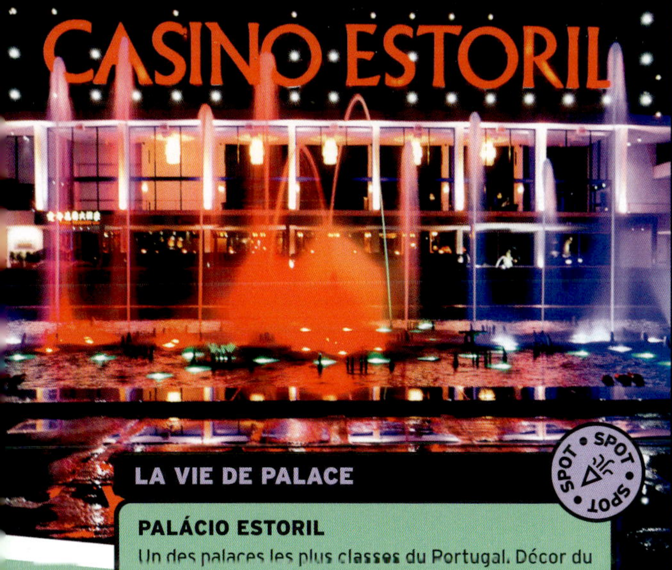

LA VIE DE PALACE

SPOT SPOT SPOT

PALÁCIO ESTORIL

Un des palaces les plus classes du Portugal. Décor du James Bond *Au service secret de Sa Majesté* (1969), ses salons et ses jardins fleurent un style anglais délicieux. Si tu veux enfiler le costard de George Lazenby le temps d'un petit Vesper Martini ?

Estoril
Rua Particular
@hotelpalacioestoril
Bar à partir de 6 €, snack 15 €

DOLCE VITA À LA PORTUGAISE

CASCAIS CENTRE PIÉTON

Le pull sur les épaules, une glace à la main et les cheveux au vent. Les petites rues piétonnes de Cascais n'ont décidément rien à envier au port de Saint-Tropez. Idéal pour un shopping estival.

Cascais
#cascais

AMBASSADE DE LA MOULE-FRITE

SPOT • SPOT • SPOT

MOULES & GIN

Ferme les yeux et tu es à Knokke-le-Zoute. Pas pour le climat, mais pour les excellentes moules-frites servies dans ce petit établissement d'une ruelle piétonne, à l'écart de l'agitation du centre de Cascais. Surprenant mais efficace !

Cascais
Rua Nova da Alfarrobeira 14
www.moules.pt
@moulesco
20 €

LA CRIQUE PARADISIAQUE

BELVÉDÈRE CASA DE SANTA MARIA

Une crique de carte postale pour étendre ta serviette. Avec une vue sur le phare et le musée Casa de Santa Maria (collection d'art baroque), cette petite plage cachée entre les rochers, à quelques minutes à pied du centre-ville, est le paradis des instagrammeurs.

Cascais
Miradouro Casa de Santa Maria
Avenida Rei Humberto II de Itália 7

ANTICHAMBRE DE L'ENFER

BOCA DO INFERNO

Prêt à descendre en enfer ? Contre cette énorme falaise creusée par l'érosion se brisent des vagues géantes. Leur son assourdissant dans la cavité et la projection d'eau façon geyser à chaque assaut de l'océan ont forgé la légende.

Cascais
Avenida Rei Humberto II de Itália 642
#bocadoinferno

COUCHER DE SOLEIL SUR L'OCÉAN

SPOT

MARINA

Vue sur le phare de Santa Maria et coucher de soleil sur l'Atlantique. Après un petit tour à la citadelle, quoi de mieux pour terminer la journée qu'un verre sur le toit-terrasse de la marina de Cascais ?

Cascais
Casa de São Bernardo
@marinacascais

PRATIQUE

TO DO LIST

☐ LOGEMENT

En haute saison, réserve plusieurs semainesavant : la desti est une des plus prisées des touristes européens.

☐ CHAUSSURES CONFORTABLES

Prends tes baskets ou des chaussures dans lesquelles tu te sens à l'aise. Les rues du centre ancien sont la plupart du temps pavées et en pente !

☐ CARTE ÉTUDIANT

Si tu es encore en études, n'oublie pas ta carte d'étudiant : nombreux avantages à la clé.

☐ APPLIS

Pour te déplacer en libre-service à scooter, trottinette ou vélo, télécharge les applis avant de partir. Certaines demandent une pièce d'identité pour utiliser le service, avec un délai de traitement de 24 heures.

Lime : Li.me
Cooltra : cooltra.com
Bolt : bolt.eu

2 TRUCS À NOTER, QUAND MÊME

À Lisbonne il est 1 heure de moins qu'en France.

Urgences : tél. 112 (n° européen).

AU PORTUGAL ON PARLE...

... portugais, c'te blague ! N'essaye pas a priori de te faire comprendre en espagnol. Ne t'attends pas non plus à déguster des tapas : ce n'est pas une alimentation typique du Portugal ! Confondre les deux cultures de la péninsule Ibérique aura la plupart du temps un effet négatif dans tes échanges...

J'Y VAIS COMMENT ?

EN TRAIN ? Mouais, pourquoi pas...

Le train de nuit Paris-Lisbonne via Hendaye a été interrompu depuis la crise du Covid. On espère qu'il reprendra bientôt ! De jour, le voyage demande une vingtaine d'heures en ciblant bien les correspondances.

EN BUS ? Pourquoi pas, mais bof...

Tu peux trouver des bus à partir de 30 € avec Eurolines, Alsa ou FlixBus... Il suffit de compter 27h de route environ, alors accroche ta ceinture !

EN AVION ? Ben ouais :(

☹ C'est pas écolo mais pour un court séjour c'est le seul moyen... 2h35 de vol de Paris !

🕓 Les principales villes de France sont desservies par Air France, Tap Portugal, Easyjet, Transavia, Ryanair (à partir de 20 €).

DE L'AÉROPORT AU CENTRE-VILLE

Métro
🕓 30-40 minutes, changement Alameda
🏷 1,50 €

Scooter en libre-service
➤ Certaines applis comme Cooltra (voir To Do List) ont un espace de parking pour leurs scooters à proximité de la zone des départs

🕓 10-15 minutes
🏷 7-11 €

Taxi
🕓 10-20 minutes
🏷 8-15 €

VTC
➤ Parking de dépose-minute (côté départs)
🕓 10-20 minutes
🏷 5-10 €

AVANT DE PARTIR :
À SAVOIR/À PRÉVOIR

MÉTÉO

Lisbonne est accueillante toute l'année grâce à un climat océanique tempéré : jamais vraiment froide en hiver, ni trop chaude en été.

La meilleure période : juin, avec ses fêtes des saints populaires.

En décembre, avant Noël, Lisbonne se pare d'une profusion de décorations, les magasins ouvrent les samedis et dimanches, les vitrines sont superbes. C'est aussi l'occasion de goûter aux pâtisseries de Noël.

Les mois de novembre et avril ont tendance à être les plus pluvieux.

BUDGET

Le Portugal a la réputation d'être une destination économique en Europe. C'est vrai, mais de moins en moins pour Lisbonne. L'hébergement n'y est pas moins cher que n'importe quelle grande ville de France.

SE CULTIVER MALIN

Jours d'ouverture, horaires, gratuité : les dizaines de musées de la ville ont tous une politique différente. Renseigne-toi pour ne pas trouver porte close et/ou entrer sans payer. Même pour les églises et les monuments !

Lisboa Card, la prendre ou pas : valable 24, 48 ou 72 heures, cette carte donne un usage illimité aux transports en commun et à 35 musées et monuments (coupe-file). Juste pour les transports, ça ne vaut pas le coup. Si tu la veux, prends-la directement sur le site de l'office de tourisme de Lisbonne (les revendeurs prennent une commission).

visitlisboa.com

DÉCALAGE CULTUREL

Au Portugal, on déjeune et on dîne tôt. Même en pleine capitale, surtout en semaine, il peut s'avérer compliqué de déjeuner après 14h et de dîner après 21h.

OÙ TU CRÈCHES ?

Locations temporaires (Alojamento local)
Très bonne option pour être dans le centre historique à un prix raisonnable.

Petits budgets
Ne pas hésiter à prendre un hôtel ou une location en dehors de la zone touristique : on se déplace assez facilement et rapidement à Lisbonne.

Hostels
Ils sont nombreux, il en existe à tous les prix dans les quartiers proches du fleuve : le meilleur moyen pour faire des rencontres et passer des moments conviviaux.

LES RESTAUS EN MODE ÉCO

Dans les petits établissements populaires, comme les *tascas*, les portions sont souvent très copieuses. Tu peux demander une *meia dose* (demi-portion) ou partager un plat à deux (*dose*).

Attention, tout se paie : les *petiscos* (amuse-gueules servis en début de repas), le pain et le beurre, et parfois le couvert (*coberto*) sont facturés, de même que l'eau, toujours servie en bouteille. Refuse tout de suite ou ne touche pas à ce que tu ne veux pas, car sinon on te l'ajoutera à l'addition...

Les salaires dans les professions de service étant singulièrement faibles, les **pourboires** sont fortement appréciés !

ET MAINTENANT QUE J'Y SUIS ?

MONEY MONEY

Paiement : la carte bancaire s'utilise comme en France MAIS prévois du liquide pour payer dans un petit restau familial ou dans une petite boutique au détour d'une ruelle... Les commerces traditionnels acceptent rarement la carte bleue.

Retrait : privilégie les distributeurs automatiques attachés à une banque. Les réseaux d'automates non affiliés à une banque chargeront des frais supplémentaires pour l'opération.

SÉCURITÉ

Attention aux pickpockets dans les zones les plus fréquentées, comme le tram 28 ou la praça do Comércio. Cela dit, le Portugal est un des pays les plus sûrs du monde, la petite délinquance n'existe quasiment pas.

BOUGE À LISBONNE

Si tu comptes rester à Lisbonne (et environs proches), ne t'encombre pas d'un véhicule de location. Les parkings sont peu nombreux, très chers, et les queues dans les agences de location pour retirer les voitures peuvent être très longues (plusieurs heures en saison haute).

Les taxis sont relativement abordables et parfois moins chers qu'un VTC aux heures de pointe. Assure-toi simplement que le taximètre soit enclenché !

Si tu achètes ton ticket dans le tram (l'emblématique ligne 28, par exemple), le conducteur te le vendra 3 €. En revanche, il est moitié moins cher à une machine dans le métro, et il sera valable pour métro et tram.

Uber, Bolt, Kaptain... **À partir de 2 personnes, prendre un VTC** avec l'appli revient souvent au même prix, voire moins cher, qu'acheter des tickets de transport en commun.

VISITES GUIDÉES

À PIED

MonLisbonne :
https://monlisbonne.com
@monlisbonne
Tour privé 125 € + 30 €/pers. supplémentaire

Lisbonne Âme et Secrets :
www.lisbonne-ame-secrets.com
Départ 9h30 ou 16h sur résa
Visite en groupe : 25 €/pers.,-26 ans réduc.

À VÉLO

Lisbon Bike Tour :
www.lisbonbiketour.com
@lisbonbiketours
Départ 9h30 sur résa
32,50 € (en anglais)

Boost :
https://boostportugal.com
@boost_portugal
Départ 10h (39 €) et 15h (34 €)

EN TUK-TUK

Eco tuk tours :
https://ecotuktours.com/fr
@ecotuktours
Circuit de 1h pour 2 pers. 55 €

EN TRAM / BUS À IMPÉRIALE / BATEAU

yellowbustours.com :
www.yellowbustours.com/pt/lisboa
@yellowbustours
Diverses formules et prix variés, à partir de 10,50 €

QUE DU MEILLEUR !

INDEX DES SPOTS PAR QUARTIER

CRÉDIT PHOTOGRAPHIQUE

Charles Mathieu-Dessay : p. 42, 67, 70 et 76.

AdobeStock
Alexander : p. 7 • Aliaksandr : p. 88 • Andrey Krupenko : p. 75 • Arseniy Krasnevsky : p. 90 • aterrom : p. 8 • bit24 : p. 48 • Cinematographer : p. 78 • DWP : p. 56 • Frankix : p. 13 • katrin sauerwein/EyeEm : p. 30 • Matteo Ceruti : p. 14-15 • Michele : p. 63 • Olena Zn : p. 50 • Pascal : p. 80 • peopleimages.com : p. 60 • sforzza : p. 79 • Travellaggio : p. 94 • Надежда Филатова : p. 55.

Shutterstock
Alexandre Rotenberg : p. 115 • amnat30 : p. 93 • anela.k : p. 64 • Anton_Ivanov : p. 110-111 • BearFotos : p. 29 • Christian Mueller : p. 102-103 • DaLiu : p. 112 • Deep Pixel : p. 116-117 • EJ Grubbs : p. 39 • Goncalo_Castelo_Soares : p. 10 • Gustavo Frazao : p. 52 • hlphoto : p. 34 • JM Travel Photography : p. 27 • Kalina Georgieva : p. 100 • Liliana Marmelo : p. 106 • Mariangela Cruz : p. 99 • Natalia Lisovskaya : p. 37 • Oleg Kozlov : p. 86 • Peter Etchells : p. 18 • Rrrainbow : p. 44 • Salvador Aznar : p. 59 • Sebastiana Raw : p. 23 • silky : p. 85 • Solianova Margarita : p. 97 • Wirestock Creators : p. 109 • zi3000 : p. 33.

Clémentine Latron a créé les dessins qui figurent en couverture et sur les pages 16, 46, 68, 82.

Les fonds graphiques et les pictogrammes proviennent de **AdobeStock, Google Fonts, Google Icons** et **The Noun Project**.

Pour rédiger cet ouvrage, l'auteur **Charles Mathieu-Dessay** s'est très librement (et de très loin) inspiré du guide *Un grand week-end à Lisbonne* © Hachette Livre (Hachette Tourisme), 2021.

© Stephane Chalangeas

Direction : **Sidonie Chollet**
Direction éditoriale : **Cécile Petiau**
Édition : **Joël Ambroggi**, avec la participation de **Marion Duhamel**
Lecture-correction : **Fabienne Texier-Pinson**
Fabrication : **Liza Sacco**
Conception graphique de la couverture et de la maquette intérieure : **Studio POLI&CO**
Illustration en couverture : **Clémentine Latron**
Réalisation originale de la maquette intérieure et recherche iconographique : **Étienne Hénocq**

Contact presse : **rmazef@hachette-livre.fr** - **01 43 92 36 66**
Contact publicité et partenariats : **partenariat-tourisme@hachette-livre.fr**

Aussi soigneusement qu'il ait été établi, ce guide n'est pas à l'abri des changements de dernière heure, des erreurs ou omissions. Ne manquez pas de nous faire part de vos remarques. Informez-nous aussi de vos découvertes personnelles, nous accordons la plus grande importance au courrier de nos lecteurs : **hachette-tourisme@hachette-livre.fr**

Conformément à une jurisprudence constante (Toulouse 14-01-1887), les erreurs ou omissions involontaires qui auraient pu subsister dans ce guide, malgré nos soins et les contrôles de l'équipe de rédaction, ne sauraient engager la responsabilité de l'éditeur. Le contenu des annonces publicitaires insérées dans ce guide n'engage en rien la responsabilité de l'éditeur.

Édité par Hachette Livre (58, rue Jean-Bleuzen, CS 70007, 92178 Vanves Cedex)
Imprimé par Polygraf (Slovaquie)
Achevé d'imprimer : septembre 2022
ISBN : 978-2-0178-7248-1 • 5686991
Dépôt légal : septembre 2022 • Collection n° 13 • Édition : 01